AMLO:

«*El pacto silencioso con los pueblos originarios*»

Acic Oklahoma

DEDICATORIA

A quienes no pueden mantenerse indiferentes a los acontecimientos sociales y al sufrimiento de todos los seres vivos que comparten su existencia sobre el manto de la Madre Tierra.

Quetzalcóatl, «Serpiente Emplumada», en forma de *ciclo infinito*, simbolizando la autonomía. la *eternidad del hombre y mujer libres.*

CONTENIDO

INTRODUCCIÓN 1

AUTÉNTICO 7

LÍDER 11

¿IZQUIERDA O DERECHA? 15

MÉXICO Y VENEZUELA 33

«INFLUENCER» 37

PERFIL 43

MAÑANERAS 47

MANUAL DEL ÉXITO 51

INICIACIÓN 59

MÉXICO Y ESPAÑA 73

EL PENACHO DE MOCTEZUMA 81

EL «NIGROMANTE» 89

MEXICANIZACIÓN DEL MUNDO 97

MADRE TIERRA 101

TEQUÍYOTL 111

CONCLUSIÓN 119

ACERCA DEL AUTOR 123

AGRADECIMIENTOS

A todos los pueblos originarios que han resistido durante cinco siglos, inimaginables sufrimientos y vejaciones. Gracias a los sabios guerreros sobrevivientes, aún perdura la poética guerrera, el conocimiento sagrado, los mismos valores que proporcionaron *fama y gloria* a las antiguas culturas y civilizaciones. Culturas que están resurgiendo con bríos renovados y cuya cosmovisión sea quizás la alternativa para redimir de la decadencia al mundo moderno.

INTRODUCCIÓN

Desde hace muchos años se barajea la idea de un posible despertar del «México Profundo». Despertar los verdaderos valores de la antigua sabiduría, de aquella filosofía que antaño diera fama y gloria al México antiguo. Se han escrito afamados libros anunciando un cambio de cosmovisión, una nueva manera de percibir la vida, la existencia y el universo.

Desde la metáfora de la obra intitulada: «La Mujer dormida debe dar a luz» de Ayocuan, cuyo seudónimo se atribuye al escritor Antonio Velasco Piña, pasando por los «Educadores del Mundo» de Ignacio Magaloni Duarte, hasta: «México, cuna de la civilización universal» de Jorge Joseph Piedra, entre otros, hablando de la grandeza histórica de México, de su influencia en todo el continente de Anáhuac (América) y del mundo. Sin embargo, también existen versiones históricas de un pueblo vulnerado, debilitado, ultrajado, sumido en la vorágine de un oscuro abismo, como la emitida por el comentarista fray Bernardino de Sahagún hace ya 500 años:

«Mis dedos están rígidos por la edad, ya no puedo

escribir…La humanidad ignorará siempre lo que ha sido este gran pueblo. Nuestra civilización le ha asestado un golpe tan rudo que no se podrá levantar y, puede ser, que jamás se sepa qué gran cultura intelectual había alcanzado».

Esta cita histórica, es una muestra fehaciente de la mixtificación de la Historia de México, aquella historia enseñada en las aulas y que tanto daño a hecho a la humanidad al ocultar la verdad. Algunos sabios Toltecas que siempre se han mantenido en el anonimato, por la naturaleza de sus enseñanzas, han visto en la llegada de AMLO a la presidencia de México, la señal de una nueva etapa histórica, la transición y la consecuente construcción de un puente que vinculará al ser humano, para retornar y volver a ser un «hijo de la tierra», como lo fue antes de la invasión europea.

En una videograbación, de tantas, publicada en su canal de YouTube, se mira al presidente Andrés Manuel López Obrador descansando, sentado en «media flor de loto», en una zona arqueológica de Zacatecas, la «Quemada» para ser más precisos. Ensalza la cultura náhuatl del antiguo México y en especial de los Aztecas. Nos revela la existencia predominante de los nombres de origen náhuatl y maya, en todos los rincones y pueblos de México que él ha visitado. Se le mira feliz, hablando con orgullo del arte y de la cultura «esplendorosa» de las culturas originarias, tanto como la cultura madre: la Olmeca. Expresa su discrepancia con José Vasconcelos en relación al término de raza, según el cual acuñó la frase de la Universidad Nacional Autónoma de México (UNAM) cuando fue secretario de educación: «Por mi raza hablará el espíritu». AMLO se inclina más por el término de cultura y afirma convencido, «México es un mosaico cultural».

Concluye su monologo invitándonos a visitar el lugar y a no olvidar nuestra identidad. AMLO también ha emulado las nobles intenciones de los hombres denominados «Tocados por el Rayo», coloquialmente conocidos como «graniceros», para hacer llover, aunque con métodos diferentes y no tradicionales, pues ha retomado la iniciativa militar de preñar las nubes con moléculas de *Yoduro de Plata* para propiciar la lluvia en zonas afectadas por la sequía. O sea, las tareas propias de un *chamán* no le son extrañas al presidente de México, porque lleva años conviviendo con innumerables comunidades donde la poética, la magia y el pensamiento trascendental coinciden y desembocan en la belleza de la antigua cosmovisión de los pueblos originarios.

Estos breves pasajes, son una muestra esencial de las bases ideológicas sustentadoras del proyecto de AMLO. Más allá de ser un proyecto político ideológico, es la manifestación de otra perspectiva para concebir a la humanidad, a la naturaleza, al mundo y al cosmos. Para decirlo con más propiedad, AMLO no es simplemente la figura pública de un político *sui generis*, es la viva voz de una soterrada cosmovisión, que se había mantenido en la oscuridad, sobreviviendo a siglos de represión y de esfuerzos del pensamiento colonialista por extinguirla. Por fortuna, dicha cosmovisión se encuentra más vigente que nunca, se ha templado, se ha adaptado a las circunstancias históricas y se ha fortalecido con cada intento de exterminio por parte del ideal eurocéntrico y anglosajón.

El presente ensayo no pretende analizar la complejidad política de un personaje como Andrés Manuel López Obrador, pues ya se ha escrito y hablado bastante por los analistas dedicados a ello. Tampoco pretendemos inclinar la balanza a su favor, queremos ir más allá, nos parece por demás interesante penetrar en los recovecos de la abstracción ideológica que lo motiva a conducirse como un líder identificado con causas no comprendidas del todo. A pesar de las interminables reflexiones y debates en torno a la figura pública de AMLO, nosotros creemos que no se ha profundizado los suficiente, o casi nada, en la verdadera raíz de la mística que le impulsa a luchar, en aquella esencia fundamental que lo inspira a resistir los feroces embates de los *grupos de poder*, además de las fuertes presiones de una cúpula nacional e internacional para alinearlo al concierto de la música del megaproyecto de los grupos hegemónicos del capital financiero global.

Esa es la temática que nos compete en el presente ensayo, aunque se hace un somero análisis de la personalidad política de AMLO como referente de su originalidad y de su importante y significativo papel histórico, no sólo de México, sino del mundo. Asimismo, se tratan algunos aspectos muy singulares y básicos sobre su liderazgo, que a veces se pasan por alto, en cambio, explican en gran medida su éxito y popularidad, amén de la naturaleza humana que siempre busca redención y luz en aquellos lapsos de oscuridad histórica. Es el caso de la mayoría del pueblo México, quien ha depositado sus esperanzas en el liderazgo de AMLO. Por azares del destino, le ha tocado al gobierno de AMLO enfrentar los retos de una nación endeudada, con graves problemas de corrupción e inseguridad, y con una población mayoritaria inmersa en la pobreza, así como los desafíos globales de una terrible *pandemia*, que al menos en México ha dejado a más de 300 mil niños en la orfandad, y de su respectiva crisis económica.

Vivimos en un mundo complicado, afectado por la contaminación, imbuido en teorías conspirativas, guerras cognitivas, exceso de información sesgada y desinformación sin precedentes. Ni que decir del augurio de una posible crisis alimentaria y financiera internacional, producto de la erosión del suelo y de conflictos bélicos regionalizados, entre los que destaca, por supuesto, el conflicto entre Rusia y Ucrania, prometiendo ser el detonante de un nuevo orden mundial y de una posible guerra mundial que nadie desea.

No obstante, el interés de nuestra labor se centra en el posible nacimiento de una manera diferente de percibir el mundo, el universo y la propia existencia. Una nueva estética de pensamiento, aunque cimentada en los antiguos valores que proporcionaron gloria y grandeza a las civilizaciones antiguas del Anáhuac y del mundo. En ese aspecto, consideramos que AMLO es el portavoz de un cambio probable, y representa la coyuntura o la etapa de transición histórica de un cambio, no sólo político social, sino de una sensibilidad espiritual consciente que la realidad mundial apremia con ahínco, pues de ello depende prescindir de un trágico desenlace de proporciones apocalípticas.

AMLO ha pactado en silencio, con los antiguos sabios del Anáhuac. Ha pactado la reivindicación de los antiguos ideales que nutren la *cosmovisión* de las culturas milenarias. En toda su carrera política ha recibido humildes enseñanzas de los herederos de un enorme caudal de conocimientos fundamentados en elevados pensamientos de espiritualidad, ascetismo y austeridad, muchas veces por necesidad, otras por adaptación a las condiciones impuestas por los «vencedores» y por la casta naciente de la guerra no declarada de hace 500 años. De ahí surge una primera explicación de rechazo hacía AMLO, porque es ponderado por los neocolonialistas como un plebeyo, alguien fuera de sus parámetros de casta, fuera de su control y no dispuesto a servirles de marioneta.

AUTÉNTICO

**«Tú eres aquello que haces,
no aquello que dices que harás».
C.G. Jung**

«Yo no tengo asesores, mi asesor es el PUEBLO». Con esta concisa frase, Andrés Manuel López Obrador justifica el éxito de su trayectoria, así como de sus más atrevidas decisiones. Mientras que los políticos promedio de México y del mundo contratan costosos asesores de imagen o como pomposamente le denominan: «imagologos»; AMLO sigue el curso de su talento, o para decirlo con más propiedad, de su instinto político. Que conste, no todos poseen semejante intuición.

Todas sus palabras, la lentitud de ellas, todos sus movimientos y decisiones, están calculados con precisión matemática. Siempre va un paso delante de aquellos que él califica como «adversarios», aunque los aludidos se declaren sus enemigos a muerte. Por increíble que parezca, todos los consejos de los expertos en «imagología» han quedado rebasados por la efectividad de los sencillos métodos de AMLO. Por una simple razón: AMLO es auténtico, es *él mismo*. Si acaso puede considerarse, la denominada *ciencia de la imagen* tiene un gran defecto, y es porque está hecha para aquellos que buscan cumplir ciertos protocolos sociales, es decir, ciertos estándares de éxito o simulación de logros para navegar en un mundo de someras apariencias.

Pero veamos, palabras más, palabras menos, del eminente fundador del Colegio de Imagen Pública, Víctor Gordoa Gil sobre AMLO cuando éste era candidato: «…AMLO tiene un gran nivel de conocimiento del país…atañe al sentimiento y no al pensamiento…es un propagandista innato…en conclusión tiene una imagen muy sólida». ¿Dónde quedó la imagología?

Como presidente de México, AMLO no porta un traje impecable, no tiene una retórica sofisticada, inclusive, él mismo ha mencionado que a veces se come la «S» o la remarca de más; no tiene el mejor peinado, ni tampoco los zapatos mejor lustrados, es más, quizás ni siquiera es un buen orador, a pesar de tener un gran poder de convocatoria y desempeñarse como gran líder de multitudes. No obstante, a raíz de todas estas deficiencias que los «asesores de imagen» considerarían inaceptables para el éxito, AMLO ha demostrado que lejos de ser deficiencias, las ha transmutado en sus mejores herramientas para comunicarse. ¿Cómo explicar su éxito en este contexto?

Cuando se le pregunta por algún político estándar, con traje impecable, con guardaespaldas, con vehículos blindados y de lujo, manifestando una inocultable riqueza, AMLO los califica de «fantoches». Sobran argumentos para darle la razón a sus afirmaciones, porque a todos nos consta la demagogia, el vacío verbal en los discursos de estos políticos o falsos representantes del pueblo. Situación que nos ha llevado a catalogar a la política como una herramienta de manipulación, o como un mero instrumento para sacar ventaja sobre el oponente.

A ese respecto AMLO ha definido la «ética política» como un noble oficio:

«El noble oficio de la política se inventó, entre otras cosas, para evitar la confrontación. La política es un oficio noble que permite a la autoridad servir a sus semejantes». En contraste, sus adversarios justifican la acción de enriquecerse a costa de la política con adagios acuñados por aquella casta dominante del periodo neoliberal, por ejemplo: «Un político pobre, es un pobre político», frase atribuida al político Carlos Hank González.

He aquí un análisis, a mi humilde juicio, muy acertado sobre la imagen física de AMLO por parte del consultor en imagen pública y estratégica, Humberto Gutiérrez:

«El mensaje que quiere transmitir Andrés Manuel López Obrador es: *Austeridad*. Si analizamos su vestimenta, vamos a encontrar dos características principales, la primera: ha sido sumamente *coherente* con todo lo que ha estado comunicando desde hace treinta años…ha sido *congruente*, siempre ha manejado el mismo tipo de vestimenta…sacos grandes, pantalones muy grandes, inclusive se le doblan en la parte de abajo de los zapatos, corbatas sumamente sobrias, lisas…opta siempre por la camisa blanca, ya sea con corbata o sin corbata…¿Qué mensaje comunica hasta el momento con su apariencia física?, sobre todo si le sumamos que el peinado generalmente está medio desaliñado…el mensaje es *desaliñado o poco cuidado*.

Para mi gusto… ¡El mensaje es excelente! Creo que el mensaje que tiene que estar comunicando, es ese justamente.

«Andrés Manuel López Obrador no tiene que verse presidenciable. ¿Por qué? Porque si tú analizas lo que la gente piensa de los que se ven presidenciables, de los que se ven muy cuidados, los adjetivos con los que los vinculan, es: ladrón, tramposo, ratero, corrupto. Y él tiene que comunicar el mensaje opuesto... «Ha hecho una muy buena estrategia al elegir cosas que:

- **1.- Mantiene la misma forma de comunicarse por 30 años.**

- **2.- Mantiene el mensaje de «Austeridad».** Andrés Manuel, es como nosotros, es del pueblo...la misma estrategia que utilizó Pepe Mujica en Uruguay. Mientras menos presidenciable sea, es mejor...»

LÍDER

**«No es suficiente que hagamos lo mejor;
a veces tenemos que hacer lo que se requiere
que hagamos».
Winston Churchill**

Lo característico en un líder siempre será la posesión de un ideal, y el ideal es por consecuencia un generador de pasiones, muchas veces de fuego incendiario que se propaga a través de las palabras y las acciones. El fuego de la pasión crea, construye, pero también deconstruye, son dos cualidades coexistentes de su naturaleza. El liderazgo de AMLO muchas veces ha sido subestimado porque se ignoran las bases sobre las cuales descansa su fuerza. Necesariamente despierta ánimos en la sociedad, tanto de simpatía, como de antipatía.

AMLO es el portavoz de los desprotegidos, de los olvidados, le ha declarado la guerra a la corrupción y, por supuesto, a sus representantes, a quienes con astucia los ha tanto desenmascarado, como agrupado. Eso le ha dado motivos suficientes para mantener viva la llama de su movimiento.

«Todo ideal es, instintivamente, extremoso; debe serlo a sabiendas, si es menester, pues pronto se rebaja al refractarse en la mediocridad de los más. Frente a los hipócritas que mienten con viles objetivos, la exageración de los idealistas es, apenas, una "verdad apasionada"». —Nos dice el filósofo argentino José Ingenieros.

También es indiscutible reconocer que AMLO es un líder social, hiperactivo e infatigable. El mismo ha afirmado que quiere transformar o establecer las bases de una renovación de la vida pública de México en tan solo 6 años de gobierno. Piensa extender esos 6 años, en 12 años de trabajo mediante «dobles esfuerzos», trabajando fines de semana y días feriados. Jura ser «maderista» y cree en la no reelección.

A pesar de sus más de 60 años, su ritmo de trabajo es difícil de emular por alguien carente de la pasión ideológica que posee AMLO, consecuencia obvia de sus arraigadas convicciones políticas. La periodista Sandy Aguilera de «Grupo Larsa Comunicaciones», asidua asistente de las conferencias mañaneras de AMLO y de sus giras, le ha realizado preguntas, a veces muy personales, otras muy originales. Por ejemplo, una vez le cuestionó: «Sabemos que está muy bien. Yo creo que todos queremos saber ¿qué hace? Si usted utiliza algún método alternativo. Si utiliza cámaras hiperbáricas. Tiene mucha energía, de verdad, usted es como un corredor keniano, no lo hemos visto ni siquiera con un resfriado».

Aunque este comentario y pregunta, fue muy criticado en redes sociales, no deja de ser relevante la observación. AMLO trabaja desde temprano y según sus propios estándares para codificar el tiempo: «Temprano se reparten los pedacitos de suerte, y el que se levanta tarde, ya no alcanza boleto». Esta afirmación es básicamente una analogía del aforismo de dominio popular: «Al que madruga, Dios lo ayuda». Su día laboral, inicia a las 6 am en las reuniones con su consejo de seguridad y se prolonga durante el día hasta más de 12 horas, al parecer nunca se le ha visto bostezar en público.

Sin embargo, también es muy cierto que aquellas personas dedicadas a laborar en una actividad que los apasiona, que es de su agrado o de su vocación, difícilmente se fatigan, inclusive, pueden prescindir de vacaciones, horarios de entrada o de salida. Asimismo, es justo mencionar que muy pocas personas pueden presumir de trabajar en lo que en realidad les apasiona.

Como todo líder, AMLO ha enfrentado innumerables retos a lo largo de toda su trayectoria, ha tenido triunfos y derrotas. Ha encabezado diferentes causas populares, siempre del lado de los más necesitados y ha padecido el presunto fraude electoral del «haiga sido como haiga sido», en alusión a la frase que pronunció Felipe Calderón cuando oficialmente le dieron el triunfo de la contienda electoral por la presidencia en 2006. El fraude fue orquestado por aquellos que AMLO ha denominado la «Mafia del Poder» y existen evidencias testimoniales e inconsistencias del proceso electoral, haciendo suponer la realidad de esta verdad.

En vísperas de las elecciones del 2018, en un foro de banqueros y financieros celebrado en Acapulco, López Obrador advirtió: «Si vuelven a hacer fraude, yo me voy. A ver quién amarra al tigre», refiriéndose al hecho de no contener la ira del pueblo sino se respetaba su voto. Por supuesto, ha sufrido traiciones, pero eso en vez de debilitarlo, lo ha fortalecido.

Sin lugar a dudas, AMLO es un personaje polémico, pero eso es inherente a todos los personajes que han dejado alguna impronta histórica. En el Zócalo de la Ciudad de México, cuando celebró su triunfo al llegar a la presidencia en 2018, expresó en su discurso ante una reunión multitudinaria que lo ovacionaba: «Vamos a heredar un México más justo y más igualitario a nuestros hijos, a las nuevas generaciones, para eso es esta lucha. Para hacer historia. Imagínense si después de años de lucha se llega al gobierno y en vez de trabajar para el pueblo se hace lo que en ocasiones se llevaba a cabo, se busca nada más el beneficio personal, el lucro, el hacernos grandes con la riqueza mal habida. Así se puede pasar a la historia, pero al basurero de la historia. «Yo lo dije en alguna ocasión, tengo una ambición legítima. Quiero pasar a la historia como uno de los mejores presidentes de México y no le voy a fallar al pueblo, y voy a lograr mi propósito».

¿IZQUIERDA O DERECHA?

«Los grandes políticos deben su reputación, cuando no a la pura casualidad, a circunstancias que ellos mismos no podían prever».
Otto von Bismark

El experto en geopolítica Dr. Alfredo Jalife Rameh, nos dice que resulta inadecuado hablar de derechas o izquierdas cuando se trata de ideologías vigentes, pues dicha terminología es obsoleta. El Dr. Jalife afirma que lo más correcto es hablar de dos vertientes políticas: «globalistas, y nacionalistas o soberanistas», es decir, de aquellos que pugnan por un mundo globalizado, abierto y en codependencia mutua, y de aquellos centrados en la búsqueda de la autosuficiencia de su nación, sobre todo en el ramo energético y alimentario.

Evidentemente, AMLO es un político inclinado hacia las causas populares de la nación y la autosuficiencia, un patriota soberanista, si hemos de apegarnos a la clasificación del Dr. Jalife Rameh. Históricamente se clasifica a los políticos abanderando causas del pueblo como liberales de «izquierda», y conservadores de «derecha» a quienes defienden el estatus del confort social, necesario para seguir manteniendo sus privilegios, algunos no necesariamente legítimos. Aunque también, las fronteras entre izquierda o derecha suelen fusionarse hasta confundirse en posturas híbridas, algunos justifican esta balanza y dicen al respecto: «los extremos se tocan».

A lo largo de la historia de México y del mundo, esta dicotomía de fuerzas políticas ha definido la identidad de todos los gobiernos, para uno u otro sentido, ya sea izquierda o derecha, y les ha proporcionado su lugar en el contexto de todas las naciones. Sin embargo, en las «Cúpulas de Poder» este principio no aplica, pues prevalecen minorías enriquecidas y mayorías empobrecidas al margen de cualquier color ideológico, porque se encuentran por encima de esta dualidad. Las cúpulas se valen de ambas fuerzas por igual, según lo demande su agenda política, porque las dos fuerzas sirven al mismo sistema social.

Hay académicos como el profesor de la Facultad de Ciencias Políticas y Sociales de la UNAM Jorge Márquez López, quien afirma respecto a la postura política de AMLO: «Es un político sumamente inteligente, por esa razón es necesario estar alerta a los márgenes de maniobra que se brinda, convenientemente, en sus contradicciones y ambigüedades».

La ambigüedad, en el caso de AMLO es distinta, debido a su empecinada acción social y su profundo conocimiento de la realidad histórica y política de México, pues ha visitado sus 2,457 municipios, no únicamente emitiendo su mensaje y discurso esperanzador, pues también escucha las demandas, las carencias de un pueblo olvidado. Es decir, sus palabras y el diseño de sus programas políticos, no están basados en algo denominado por la política como demagogia, sino en la interpretación que él tiene de la sociedad mexicana, y de su diagnóstico, así como de su consecuente solución o propuesta alternativa.

Con base a su experiencia, fundó y consolidó la organización política de MORENA, no sólo como un partido político, sino como un movimiento incluyente del pensamiento plural, al menos así lo establecen sus estatutos, y en tan sólo cinco años la encaminó a ser la principal fuerza política de México. Algunos han ubicado la postura política de AMLO como de centro izquierda, es decir, un liberal moderado, pero ¿cómo explicar entonces su alianza con sectores religiosos, sinarquistas y conservadores de México? Inclusive, MORENA proyecta un símbolo definido y explícito, cuyo significado sintetiza la versión política laica de la «Morena del Tepeyac o la virgen de Guadalupe», alusión evidente de religiosidad, quizás con mayor profundidad diríamos que se apega a la obra «prototipo» planteado por el destacado científico Jacobo Grinberg, cuya personalidad pública se encuentra envuelta en el misterio de su desaparición, aunque es un personaje sobredimensionado. Su planteamiento configura la fusión del simbolismo de la Madre Tierra o Coatlicue, y la virgen de Guadalupe como la supervivencia del conocimiento antiguo bajo nuevas maneras de expresión sociológica.

Asimismo, la vigencia de la costumbre popular por mantener su devoción reverencial a la *virgen negra* o Madre Tierra. Ante este panorama, podemos preguntarnos entonces, AMLO ¿es un conservador en el sentido religioso? Claro que lo es. Tan sólo echemos un vistazo a la estrecha amistad que tiene con el sacerdote católico Alejandro Solalinde o mejor conocido como el «Padre Solalinde», que, dicho sea de paso, es un activista social muy querido en su lucha por los Derechos Humanos, y por el sentido humanista y su arriesgado papel en proteger a los migrantes centroamericanos. Él declaró en una entrevista televisiva con preguntas de estilo asociativo respecto a AMLO: «Es un hombre honesto y santo…es un Pastor Laico que siempre está con su pueblo…AMLO es amor…AMLO no es dios, pero es uno de los mejores representantes de Él».

Por supuesto, eso no hace a AMLO un conservador en el sentido vulgar de la expresión, pero de acuerdo a las obvias declaraciones del sacerdote católico, sí lo convierten en conservador en un sentido pragmático. Además, recordemos el llamado que hizo el tabasqueño al Papa Francisco para ayudarlo en su búsqueda para *pacificar* a México con relación a su plan para afrontar el grave problema de la inseguridad en el país. Su relación con los grupos conservadores es, en todo caso, selectivo.

En fin, AMLO es conservador, pero también es laico. Se maneja con habilidad matemática, en la justa medianía, entre la balanza conservadora y liberal, según convenga a las circunstancias políticas del momento. Si acaso dudamos de ello, echemos un vistazo a las declaraciones del destacado «Masón», el Lic. Manuel Jiménez Guzmán, presidente nacional de la Agrupación Política Avanzada Liberal Democrática, quien en entrevista con José Sobrevilla, conductor de «La Agenda del Emprendedor» nos ilustra lo siguiente en relación a esa parte poco conocida de AMLO:

«Es Masón, se inició, tengo entendido, por la gran logia de Tabasco "Restauración". Yo llevé una excelente relación con el Licenciado Presidente López Obrador cuando fui, ya por tercera vez, diputado local, antes de asambleísta y él, jefe de gobierno. Hicimos una reunión masónica, que no puede negar, está grabada. Ahí mismo en el Salón Juárez del Gobierno de la ciudad. Y le entregamos una *Espada Flamígera.* Que es la espada de la virtud, del poder que castiga o que premia y que sólo el jefe de la masonería puede mantenerla, y está en el Libro de la Ley. La Espada Flamígera tiene un significado. Entramos a su oficina y dijo: «Esta espada está en mi credenza para que siempre recuerde que soy liberal».

Sin lugar a dudas, una gran revelación para poder comprender la compleja personalidad de un personaje controvertido. Por cierto, la *espada flamígera* tiene su equivalente en la Cosmovisión Náhuatl como la *Xiuhcoatl* o «Serpiente de Fuego», la poderosa arma de guerra de *Huitzilopochtli Meshi,* la voluntad personificada, de acuerdo a la percepción de los tradicionales sabios antiguos.

También cabe mencionar la afinidad de conceptos, entre el significado de lo que representa la figura de un masón, tanto como de un Tolteca. Ambos conceptos evocan el oficio de «artista», el gremio de los albañiles, del «constructor o creador de nuevas sociedades, de una nueva manera de pensar y de hacer las cosas». Por supuesto, la comparación no pretende la polémica, sino vincular los ideales de AMLO para acercarnos a la comprensión de su visión político social.

Recordemos que la masonería es una organización internacional de carácter liberal, una especie de sociedad secreta o discreta, de *librepensadores,* con intereses políticos y hegemónicos muy marcados. A pesar de identificarse con causas liberales, existe una facción masónica de elite incrustada en el Estado Vaticano, la llamada logia P-2. Los extremos se juntan en las cúpulas.

De igual manera, una gran parte de líderes, dirigentes,

y prominentes personajes de la historia, han pertenecido a esta organización, incluso el mismo Benito Juárez, entre otros. No debemos pasar por alto lo siguiente: en los grupos herméticos como la masonería, es donde se acuñan los ideales, planes y proyectos con efectos sociales, que suelen conocer sólo los «iniciados» de dichas sociedades secretas o discretas. Aunque, AMLO ha cimentado su lucha social en los principios de la transparencia, y si pertenece a la masonería, es por conveniencia política y no por convicción, en todo caso su enfoque de la masonería es un enfoque singular, apegado a su visión personal de la política.

En numerosas ocasiones, AMLO ha introducido el trinomio conceptual de la masonería en varios de sus discursos, como en el «Grito de Independencia». Nos referimos a los tres conceptos nodales de la masonería: *libertad, igualdad* y *fraternidad*. Esta fraseología fue también abanderada por la «Revolución Francesa» en el siglo XVII y pasó a formar parte de la República en el siglo XVIII. Lejos de etiquetar las acciones de AMLO de manera simplista o reduccionista, es necesario profundizar en los puntos más destacados de su conducta política, es decir de su «pragmatismo».

Para definir con mayor precisión y establecer un vínculo de comprensión con los ideales del político mexicano es necesario recurrir a un pasaje de la historia universal, considerado el mito o paradigma del pragmatismo.

Nos referimos al «Nudo Gordiano» que procede de la leyenda griega; según la cual: «Gordias, un labrador frigio (de Frigia, actualmente ubicada en lo que hoy es Turquía) que había sido elegido como Rey y en consecuencia fundó la ciudad de Gordio. En señal de ofrenda al dios griego Zeus, ofreció su carro, atándolo del yugo y su lanza de manera muy compleja, dando nacimiento al famoso Nudo Gordiano. Se afirmó: *quien fuera capaz de desatarlo conquistaría Asia.* Al parecer nadie pudo con la encomienda, pasaron varios años hasta la llegada del guerrero y conquistador macedonio Alejandro, el Magno, quien se dirigía hacia la conquista del Imperio Persa en el año 333 a. de C. no sin antes conquistar Frigia, durante el proceso lo desafiaron para desatar el «Nudo Gordiano».

La solución para Alejandro, el «Magno», se suscitó sin mayores complicaciones, en un acto de facto que reflejaba el carácter de un líder decisivo, resoluto y sobre todo «Pragmático». Cortó el complicado nudo con su poderosa espada de un solo tajo». Y así, conquistó el «Imperio Persa». Tal como dijera el adagio «El camino más corto entre dos puntos es la línea recta», prescindiendo así, de los rodeos y especulaciones que en la mayoría de las ocasiones sólo nos hacen perder un valioso tiempo y, por lo tanto, el aprovechamiento de posibles y grandes oportunidades.

El pasaje del «Nudo Gordiano» es una metáfora para ilustrar la importancia del pragmatismo. Por supuesto, consideramos que lo más valioso de este pasaje, es la filosofía del «Pragmatismo» demostrado por Alejandro el «Magno». Recordemos que Alejandro el «Magno», tuvo como maestro al gran sabio Aristóteles, y como veremos más adelante AMLO también tuvo a sus propios mentores y sabios que le han proveído a lo largo de su carrera los conceptos fundamentales, mismos que forjaron sus ideales políticos.

Basándonos en el trascendental mensaje de este pasaje histórico para determinar si AMLO es de derecha o de Izquierda, podemos decir sin temor a equivocarnos, que más allá de una postura de izquierda o derecha, AMLO es «pragmático» por encima de todo, es decir, navega para llegar a su meta y si los vientos de izquierda o derecha le impulsan su velero, sin dudar hará las alianzas necesarias para ello. AMLO se define como «Liberal» si hemos de citar su propia autodenominación política, pero consideramos que su liberalismo obedece a causas más filosóficas que prácticas.

Asimismo, sitúa a sus oponentes en el conservadurismo, en razón de la impugnación de estos grupos por conservar el *statu quo*. De ahí que quieran mantener sus privilegios, que nada cambie ni se mueva, pues perderían lo ganado durante la etapa llamada «Neoliberal». Aunque, ellos también son pragmáticos, claro, bajo la égida de sus propios intereses. La única diferencia es que el pragmatismo de AMLO está supeditado a las convicciones ideológicas del bien popular y no particular. Desde luego, el beneficio anhelado por AMLO va más allá de alguna ganancia material, porque él está luchando por la reserva de un lugar en la historia.

Se ha insistido, por parte de los opositores al proyecto de AMLO, que éste es *populista*. Es complicado determinar la verdad de este calificativo y endosarlo al perfil camaleónico del político mexicano. Si nos apegamos a la definición que se tiene de AMLO, emitida por el representante del Fondo Monetario Internacional (FMI) para el hemisferio occidental, Alejandro Werner, con base en los datos duros que él posee:

«No sé cómo se quiere calificar a un *populista*, pero al menos en el frente macroeconómico ha sido respetuoso con las restricciones presupuestarias; en el aspecto comercial se ha mostrado muy abierto a que la economía mexicana esté altamente integrada a la economía mundial». Y remata: «El gobierno de López Obrador está seriamente comprometido con la estabilidad macroeconómica en los frentes monetario, fiscal y financiero».

Los datos duros e indicadores económicos, hasta el medio día de su mandato, y quizás, así termine el gobierno de AMLO, reflejando finanzas sanas gracias a la disciplina fiscal y a la balanza comercial, entre otros factores. La paridad entre dólar y peso se ha mantenido estable, la inversión extranjera ha sido favorable. En general el crecimiento económico, a pesar de la crisis mundial generada por la pandemia y del conflicto bélico entre Rusia y Ucrania, ha mostrado una pronta recuperación, en gran medida, porque no ha caído en la tentación de contratar nueva deuda.

En una declaración del reconocido analista económico David Páramo en entrevista con el periodista Julio Hernández López, dijo: «En materia económica el gobierno de López Obrador lo ha hecho bastante bien».

Por otra parte, el presidente López Obrador trabaja con la ONU para blindarse de la corrupción en la adquisición y compra transparente de medicinas. No obstante, evita caer en la trampa de los préstamos ofrecidos a su administración por parte del FMI. Ni que decir en cuanto a su tajante negativa por ceder ante las «recomendaciones», y que en realidad son presiones del FMI. Antes bien, López Obrador ha reprobado la sumisión y el entreguismo de los gobiernos anteriores al aplicar las denominadas «reformas estructurales», recomendadas por el FMI y que llevaron a la ruina económica a México y a otros países.

Ahora bien, veamos dos ejemplos específicos en relación con relevantes personajes de supuestas políticas antípodas que nos inspiran a creer en el pragmatismo de AMLO, y no en la simplista apreciación de su tendencia política, ya sea de izquierda o de derecha, ya sea liberal o conservador, globalista o soberanista:

Donald Trump. Todo mundo conoce sobre el difícil carácter que posee Donald Trump. Su enorme riqueza, la alcurnia de su familia, su exitosa trayectoria en el mundo de los negocios y su capacidad para emprender, le forjaron como un soberbio triunfador. Un modelo del norteamericano supremacista. Cuando llegó al máximo cargo público de E.U., la poderosa nación del mundo capitalista, potenció su característico orgullo racial, su petulancia y su insufrible vanidad.

Cuando Donald Trump vino por primera vez a México en calidad de candidato, se lograba entrever su capacidad para manipular al entonces presidente Enrique Peña Nieto, incluso ningunearlo, sin omitir las veces que lo humilló en sus llamadas telefónicas. Por ese entonces, AMLO se encontraba imbuido en su activismo social, sembrando las semillas de sus ideales en sus eternas giras por todos los rincones de México. Inclusive, ante las declaraciones raciales de Donald Trump en contra de los migrantes mexicanos, AMLO viajó a E.U. para solidarizarse con ellos, tanto mexicanos, como de otros países sudamericanos.

Emprendió una gira en Los Ángeles, Laredo, El Paso, San Francisco y Nueva York. También dio una conferencia de prensa para fijar su postura ante las amenazas por construir un muro en la frontera divisoria de las dos naciones, declarando los siguiente: «Vamos a ir a Estados Unidos a crear un "Frente Cívico de Defensa de los

Migrantes", en contra de la xenofobia. Es decir, en contra de fomentar el odio a los extranjeros, que es lo que están haciendo desde el Gobierno de los Estados Unidos».

Fruto de esa experiencia la plasmó en su libro «Oye, Trump». Todos estos acontecimientos hacían suponer a los críticos y politólogos lo siguiente: «si AMLO llegaba a la presidencia de México, sería inminente un choque entre ambas personalidades». Pero no fue así, cuando AMLO llegó al *Poder*, siempre privó la conveniencia y el pragmatismo de ambos personajes.

Hicieron acuerdos benéficos para sus respectivas naciones, y AMLO demostró una vez más, su enorme oficio político, pues cuando llegaron a comunicarse vía telefónica, el trato fue entre «amigos» según lo declararon ambos públicamente. Entre otras acciones, acordaron no aplicar los «aranceles» a las exportaciones comerciales mexicanas. Aun a pesar, de previas amenazas de Donald Trump por aplicar semejantes medidas.

Cómo omitir la anécdota respecto a la disminución de la producción petrolera de México acordada por la OPEP para palear la difícil situación económica mundial, debida a la estridente *pandemia*. Finalmente, la disminución de la producción petrolera fue asumida por E.U. como un gesto amistoso de Donald Trump hacia el astuto político mexicano.

Cuando AMLO visitó E.U., manifestó su maestría en los simbolismos políticos de sus actos oficiales, los cuales fueron calculados con precisión para ganarse, tanto a los mexicanos y latinoamericanos residentes en la unión americana como a los seguidores de Donald Trump y el respeto de los norteamericanos en general. Llevó coronas de arreglos florales a la estatua de Benito Juárez, también de Abraham Lincoln. Toda una jugada política, ideada por un «viejo lobo de mar», modelada por un «Estadista» para proyectar una imagen de reconciliación de México hacia el mundo.

En la firma del Tratado de Libre Comercio T-MEC y su consecuente conferencia de prensa impartida por ambos personajes, hubo alabanzas y adulaciones mutuas correspondidas entre AMLO y Donald Trump. No obstante, la habilidad del político tabasqueño creó la atmósfera apropiada para lanzar un «Viva» a favor de E.U. y tres «Viva México», sin que se sintiera un acto incómodo, demagógico o exagerado. Todo un acontecimiento que desató sentimientos encontrados en ambas naciones. En el caso de la diplomacia mexicana, la consolidó confiriéndole el prestigio perdido durante los regímenes neoliberales, devolviendo así una digna imagen de México ante el mundo.

El desempeño de AMLO asombró en E.U. tanto a los republicanos, como a demócratas. Veamos las opiniones proferidas por la experta en la relación de E.U. con México y América Latina desde su cargo en el «Departamento de Estado», también asesora de campana: Michel Manatt, del entonces candidato demócrata a la presidencia, el Sr. Joe Biden, en una entrevista sesgada realizada por el periodista Carlos Loret de Mola con relación al acontecimiento:

—¿Cómo ven al presidente López Obrador en la campaña de Biden? ¿Sienten que votó por Trump? —Preguntó el periodista.

—No. ¡De ninguna forma no! El presidente, cualquier

líder, inclusive un líder de muchos años y que tenía una idea, que tenía un plan, buscaba la presidencia de México por mucho tiempo. Él…encontró su forma de negociar y comunicar y manejar con el presidente Trump. Y eso dice mucho, del presidente López Obrador, la verdad es una persona y un líder muy hábil, y no hay nada de negativo, nada así. Pero los valores y el análisis y el esquema del futuro gobierno de Joe Biden va a tener otras prioridades, sin duda. Y empezamos con respeto. Respeto al pueblo mexicano…—Afirmó la Señora Michel Manatt.

Quizás por todas estas razones, le atribuyeron al político tabasqueño el mote de *Pejelagarto*. No sólo porque este pez es un característico tipo de crustáceo perteneciente a lagos, pantanos y ríos de Tabasco, sino también porque es un pez alargado, diferente, difícil de pescar, y con la habilidad de sobrevivir en aguas dulces y saladas. Aunque AMLO ha dicho en incontables ocasiones: «Me pueden llamar peje, pero no soy lagarto».

Desde la Cosmovisión Tolteca, la metáfora y el simbolismo es importante, el *peje* es identificado por el mítico reptil o dragón que levantó los continentes del fondo del mar cuando el planeta Tierra fue originalmente habitado en el principio de los tiempos y se encontraba en el caos de las aguas turbulentas. Veamos un pasaje del historiador Ángel Ma. Garibay Kintana para referir este punto:

«Y luego criaron los cielos, allende del treceno, e hicieron el agua y en ella criaron a un peje grande, que se dice Cipactli, que es como caimán, y de este peje hicieron la tierra, como se dirá. «Y para criar al dios y a la diosa del agua se juntaron todos, cuatro dioses, e hicieron a Tlaltecutli y a su mujer Chalchiuhtlicue, a los cuales criaron por dioses del agua, y a estos se pedía, cuando tenían de ella necesidad».

Podemos estar en desacuerdo con las posturas políticas de AMLO, con su persona, con sus ideales y con su original manera de expresar sus convicciones, pero no podemos negar su instinto, su inteligencia política y el enorme capital social que lo respalda. Para bien o para mal, es un presidente que dejará huellas en la historia de México y quizás del mundo si logra cristalizar su proyecto de nación. Todo parece indicar que lo está logrando.

También heredará un ejemplo para otras naciones, sobre todo, latinoamericanas, pues su liderazgo regional puede propalarse como un nuevo modelo político con calidad de exportación. En una entrevista, el finado «monero» Antonio Helguera manifestó su opinión sobre el futuro de la llamada «cuarta transformación» declarando lo siguiente: «Si prospera el modelo de la 4T en México, puede haber un efecto dominó en América Latina».

Quizás la decadencia de los recientes presidentes de México, dejaron tan bajo el rasero referente para sojuzgar a un buen político o gobernante, que AMLO pudo destacar simplemente con un arduo trabajo y un poco de honestidad. Puede ser un buen inicio para desafiar los futuros retos que deberán enfrentar los sucesores u opositores de su proyecto. Por lo menos, tienen el compromiso de ser mejores que él.

Joe Biden y Kamala Harris. Todos los expertos, académicos y reconocidos intelectuales, difundieron la versión de un posible desencuentro entre la nueva administración de los E.U. y el Gobierno de México representado por AMLO. Esto en virtud de la supuesta felicitación tardía del presidente de México en torno al triunfo de Joe Biden en las elecciones. Aunque en realidad, la acción de no precipitarse a felicitar al nuevo gobierno estadounidense, estaba apegada a la congruencia de la política exterior de AMLO, que básicamente es la No Intervención en la política interior de otras naciones. Sobre todo, se sustenta en la frase apoteósica de Benito Juárez: «Entre las naciones como entre los individuos, el respeto al derecho ajeno es la paz».

La entrevista en videoconferencia entre el presidente Joe Biden y el presidente AMLO fue cordial y diplomática. Biden afirmó como algo prioritario: «Ver a México como un igual y no sólo como alguien que está al Sur de nuestra frontera…Lo que hagas en México, impactará dramáticamente en cómo será el resto del hemisferio».

En el primer encuentro virtual y público, tanto el presidente AMLO como la vicepresidenta de E.U. interactuaron con sus respectivas comitivas y el diálogo que mantuvieron fue agradable. Inclusive, AMLO con su característico carisma provocó algunas sonrisas de beneplácito en la mesa de sus interlocutores y en su clásico tono pausado y sereno, expresó:

«…Cuando no eran del todo buenas las relaciones entre México y Estados Unidos se le atribuye al presidente Porfirio Díaz, la frase, según la cual…se decía: "Tan pobre México, tan lejos de Dios y tan cerca de Estados Unidos", ahora podríamos decir nosotros, porque son mucho mejores las relaciones: "Bendito México, tan cerca de Dios y no tan lejos de Estados Unidos».

«Nos vamos a seguir entendiendo. Tenemos muchas cosas en común. Y estamos de acuerdo con la política que ustedes están emprendiendo en materia migratoria y nosotros vamos ayudar…pueden contar con nosotros. Tenemos una propuesta específica que creo, puede ser conveniente…»

En su segunda visita como representante del Estado Mexicano, AMLO logró desempeñar un buen papel. Defendió a los migrantes y se apegó a su propia agenda política. Al menos dentro del protocolo diplomático, se desenvolvió con la originalidad que le caracteriza, además de levantar la moral de los mexicoestadounidenses que lo recibieron con arengas y los brazos abiertos en los E.U.A. Sin duda, la propuesta más sobresaliente de esa visita fue la propuesta de una «América Continental» unida en términos comerciales.

Aunque la propuesta no es innovadora, pues la famosa «Doctrina Monroe», que algunos consideran un programa obsoleto, propone en esencia lo mismo, pero con una abismal diferencia, pues la máxima de la doctrina Monroe es: «América para los americanos», es decir, propone imponer la idea de una América comandada por la hegemonía de E.U. Sin embargo, tendría que ceder o dosificar su papel protagónico para armonizar su relación con todas las naciones del continente.

En el caso de la visión de AMLO, la propuesta procura ser más equitativa con los países con economías emergentes como México y Brasil, por ejemplo, o países en vías de desarrollo como los de toda Latinoamérica. Esta integración comercial, está íntimamente ligada a la política migratoria. Se resolverían en una considerable proporción los problemas de migración hacia el norte del continente. AMLO argumentó que eso ayudaría a equilibrar la influencia comercial y económica de Asia, en especial de la industria china e hindú. Que, dicho sea de paso, es un reto difícil de superar, por la capacidad productiva de su población y por los bajos costos para poder competir.

La idea de una América unida, siempre ha sido un tema recurrente, tanto en el norte, como en el sur, por una sencilla razón: Anáhuac siempre ha sido la representación de la integración geográfica y cultural desde hace cinco siglos. ¡Las raíces llaman!

Simón Bolívar propugnaba por una integración parcial de países hispanoamericanos, desde México hasta Argentina y lo inspiraban las causas libertarias de los pueblos hermanos. Empero, en las circunstancias actuales el contexto histórico es otro, la diferencia con el proyecto de AMLO estriba en causas un tanto más profundas, a pesar de las apariencias, él mantiene siempre el foco en las causas ancestrales y su implementación a largo plazo.

Un auténtico líder contempla la vida pasajera y es consciente de sus límites temporales para materializar los sueños colectivos, los cuales son posibles, siempre y cuando delegue a las nuevas generaciones las causas legítimas de su lucha social y el ejemplo histórico de su proyecto.

Pejelagarto: pez armado, astuto, difícil de poder asir, por lo tanto, difícil de pescar.

MÉXICO Y VENEZUELA

**«La corrupción raras veces comienza por el pueblo».
Montesquieu**

Los detractores de AMLO han asustado con el *petate del muerto* a algunos ciudadanos indecisos y otros con la tendencia neoliberal, sobre la suposición de un probable riesgo en el que México se convierta al supuesto modelo socialista de Venezuela, aunque eso está muy lejos de ser posible, por una sencilla razón: los E.U.A. jamás permitirían un vecino incómodo. Además, al gobierno norteamericano no le interesan los modelos políticos, ya sea de izquierda, derecha o centro. Lo que en realidad le interesa es el acceso a los recursos naturales, la mano de obra barata y la sumisión política, en síntesis, la apertura de la clase política mexicana para poder ajustarse a los planes de la hegemonía estadounidense.

Venezuela no se sometió a los lineamientos en materia petrolera a Washington, por lo tanto, le aplicaron sanciones comerciales, ese es el verdadero motivo de la campaña de satanización contra el país sureño. El ya fenecido líder venezolano Hugo Chávez, hizo pública la invitación realizada por el entonces presidente español, José María Aznar para unirse al «Club» de la elite internacional, se refería al ¿Club Bilderberg? para someterse a los designios de su agenda política internacional en torno al orden mundial y a las riquezas naturales de Venezuela, desde luego, a su petróleo principalmente, para recibir a cambio ciertos privilegios. Ofrecimiento que Hugo Chávez rechazó de facto. Quizás, a raíz de este acontecimiento ha tenido sus respectivas consecuencias políticas.

Sin embargo, a partir de la crisis energética principalmente en Europa, producto del conflicto bélico entre Rusia y Ucrania, los Estados Unidos han recurrido con habilidad diplomática al diálogo con el mandatario venezolano Nicolás Maduro para tratar temas sobre la «seguridad energética». Lo que demuestra la temporalidad y volatilidad de los modelos políticos, sean de izquierda o derecha, ante el pragmatismo político y los grandes intereses internacionales.

En ese caso, AMLO puede ser un líder con carácter definido e ideas claras, quizás con rasgos de obsesiva necedad. Pero por encima de esas características es un *animal político*, en el sentido aristotélico de la expresión. En consecuencia, siempre está abierto al diálogo, a la negociación y a la reflexión. Como se ha dicho, es un político calculador y sabe sus alcances. Jamás haría algo que lo colocara en evidente desventaja histórica. La realidad de su historial político, ha mostrado su capacidad para pactar con diversos grupos políticos de ideas antípodas a las suyas, crear un equilibrio de fuerzas, o procura convencer respecto a sus particulares puntos de vista, enfatizando la conveniencia de optar por el bien común. Para constatarlo, basta con echar un vistazo a las relaciones que mantiene con el poderoso capital de BlackRock y su principal representante Larry Fink, así como con funcionarios de alto nivel de E.U. y con otros países del mundo, por cierto, con tendencias políticas antiamericanas, como China, Rusia, Cuba, o la misma Venezuela. Su papel en la VI Cumbre de Estados Latinoamericanos y caribeños de 2021 fue crucial. Reafirmó su liderazgo con todas las naciones de Centroamérica y Sudamérica. Supo conciliar, o al menos en el plano político logró convocar y reunir a naciones de distintos y variados colores ideológicos.

Aunque hubo algunas expresiones de desacuerdo entre los mandatarios de izquierda de Venezuela, Cuba y Paraguay, eso proporcionó a AMLO la razón de su ideal político de transparencia. Sin hipocresías y *gatopardismos*, tal como él define a la política convencional, y así fue como se condujo en el evento internacional.

El portal de noticioso DW alemán, publicó e intituló la noticia de la reunión del CELAC describiendo el protagonismo de México con un gobierno de izquierda y su consecuente desafío a las políticas de Estados Unidos.

Sin embargo, AMLO no desafía a E.U., simplemente sigue la agenda política de su proyecto de Estado conforme atraviesa su propio camino histórico, mismo que él asume como su misión, va paleando los obstáculos como mejor convenga, con serenidad e inteligencia.

Veamos la interesante reflexión del político peruano en retiro, Ricardo Belmont Cassinelli: «…Un hombre que cambió México…es un hombre que presenta un proyecto para cambiar México, la gran transformación de México y lo hace a través de una conferencia de prensa, todas las mañanas. Admiro a López Obrador por su valentía y porque se ha atrevido a hacer en tan sólo 60 días, lo que 5 presidentes no se atrevieron a hacer en 30 años…ha logrado algo increíble: la cifra más alta en redes sociales en la historia, incluso superó a Donald Trump…les ha ganado en rating a los canales Azteca y Televisa. Yo lo sigo todos los días…y se trata de acabar con la corrupción y con la impunidad. Y nada más. Se atreve a hacer una conferencia pública…y López Obrador responde con una clase extraordinaria. Lo comprometen con…todas las preguntas más incómodas que se puedan imaginar. Sin embargo, este hombre con una serenidad absoluta responde como quien tiene absolutamente la consciencia limpia…no le teme a la prensa, no le teme a nada y ha decidido cambiar México».

«INFLUENCER»

«Si los ciudadanos practicasen entre sí la amistad, no tendrían necesidad de la justicia».
Aristóteles

Si bien es cierto que fue relevante el papel de las redes virtuales en el posicionamiento y triunfo de AMLO en la elección del 2018, también es cierto que varios años antes de este fenómeno, López Obrador ya había construido una base social en todo el país, producto de sus interminables giras a fin de politizar las causas populares. Las redes virtuales sólo ratificaron la base de correligionarios ya existentes, y lo posicionaron como un líder mundial.

No está de más recordar que AMLO presumió de estar informado de todo lo acontecido en el país debido a su red de informantes, los cuales se cuentan por millones de ciudadanos. Esta fue una de las razones por la que tomó la decisión de disolver el CISEN, el organismo gubernamental dedicado al espionaje interior para salvaguardar la supuesta seguridad nacional. Hasta la fecha, el presidente de México recibe información de primera mano de sus fieles correligionarios, muchos de los cuales están infiltrados en puestos y estratos socioeconómicos claves de la sociedad.

En uno de sus videos más vistos, AMLO de plácemes

nos muestra orgulloso su «Botón de Oro». Enfatiza su afirmación de que las redes virtuales son en realidad «Benditas redes sociales». Nos platica sobre el cerco informativo fraguado en su contra cuando era opositor y aspiraba a la candidatura presidencial en el 2006, después en el 2012 y justo en ese periodo intermedio entran en escena las redes sociales, muy bien gestionadas por AMLO y su equipo, para intercomunicarse con sus simpatizantes y mantenerlos al tanto de sus actividades en sus numerosas giras territoriales.

Con certeza podemos mencionar que la llegada de AMLO a la presidencia de México, obedeció a tres condiciones:

- **1.-** A su infatigable activismo social.

- **2.-** A su interacción con las redes virtuales que en paralelo evolucionaron junto con su movimiento político social.

- **3.-** Al hartazgo popular respecto de esa clase política que durante varias décadas abusó sin ningún ápice de decoro de un latrocinio desmedido.

En el escenario político social del 2006, AMLO ya tenía suficiente apoyo popular para llegar a la presidencia. Sin embargo, tanto las cúpulas políticas y económicas de aquellos tiempos, como los medios de comunicación convencionales que aún conservaban el dominio casi absoluto de las audiencias, conspiraron abiertamente para impedir que su proyecto político llegara a consumarse con el poder.

La cualidad más sobresaliente de AMLO es sin lugar a dudas su poder de *voluntad*, aunque él se reconoce como alguien *perseverante*. Dicha cualidad le permitió mantener en movimiento constante su ideal político. Para decirlo con mayor precisión, AMLO es un personaje imparable. Su avance continuó en el frente social, hasta llegar a una nueva contienda política en el 2012 contra el candidato Enrique Peña Nieto, quien de manera cínica había sido encumbrado y fabricado desde la televisión. Inclusive, le proporcionaron a una actriz por contrato, como su consorte, misma que duraría idéntico lapso de tiempo sexenal.

Se volvió a repetir el escenario de una victoria frustrada para AMLO, y a pesar de sufrir un infarto en el lapso entre su derrota de 2012 y su lucha de resistencia contra la «Reforma Energética» del sexenio de Enrique Peña Nieto, sustentada en las llamadas «Reformas Estructurales» recomendadas por el FMI, éste continuó con su ideal fijo para alcanzarlo finalmente en el 2018.

Es importante destacar algo muy interesante, en el histórico fraude de 1988 realizado por Carlos Salinas de Gortari y compañía, se supo de cierta negociación extraoficial *tras bambalinas* por parte de Cuauhtémoc Cárdenas Solorzano, quien en realidad había ganado la presidencia, pero desistió en defender su triunfo, quizás por el temor a un desenlace violento, pues se sabía que las mayorías que lo apoyaron estaban dispuestas a una revuelta social.

Los efectos de esa presunta negociación subrepticia, se tradujeron en el «asesinato de 696 líderes y 900 entre perseguidos aparecidos y presos de izquierda» (nota de la Jornada, el viernes 2 de noviembre de 2007), que habían apoyado el movimiento de Cuauhtémoc Cárdenas en su búsqueda por la presidencia. Se acusó al Ingeniero Cárdenas de no defender con el debido carácter, que bien lo merecían tanto su causa ideológica, como la victoria de su movimiento político, ante un pueblo enardecido por el fraude.

AMLO, sabedor de todos estos acontecimientos, preservó su vida manteniendo reverberante su movimiento a la luz pública. Sus enemigos apostaron a su desmoralización y al consecuente debilitamiento de su lucha social, o se desistiría de propagarla y así quizás, deshacerse de alguien tan incómodo para sus intereses político económicos. Inclusive, López Obrador ha expresado que sus adversarios lo daban por muerto, políticamente hablando.

En definitiva, AMLO es un político muy audaz y sagaz. Siempre alerta a las oportunidades: «Política es tiempo» dice López Obrador con cierto aire de sapiencia, y vaya que lo tiene presente. Se mantiene a la vanguardia, y si acaso lo dudamos, tan solo avizoremos cuando dio inició con su activismo político en las redes virtuales, en progresivo crecimiento, con millones de seguidores, desde que estas empezaron a ser parte de la vida cotidiana, y así se mantuvo hasta su llegada al poder y en pleno ejercicio del mismo. AMLO es el primer presidente «influencer y youtuber», y el primer presidente del mundo en despreciar abiertamente a los medios convencionales de información como su principal fuente de difusión de su proyecto de Estado y sus respectivos logros.

Ha dejado en claro que no necesita a los medios de comunicación convencionales, sino lo contrario, estos son quienes lo necesitan a él. De ahí el feroz ataque de la prensa nacional e internacional hacia su gobierno, no tanto por contravenir ciertos intereses de las cúpulas, como por no comprarles publicidad y destinarles las grandes cantidades del presupuesto público a las que estaban acostumbradas. Su presencia en redes sociales le ayudó a penetrar en audiencias jóvenes, y a ellas se fueron uniendo multitud de voceros suyos. Decenas de ellos fungen como influencers, asumiéndose como sus abiertos prosélitos, inclusive, algunos suelen ser recalcitrantes defensores de su proyecto político y de sus dichos.

También cumplen su función, manteniendo informados a la audiencia con mentalidad afín a las ideas lopezobradoristas. Muchos de esos youtubers han manejado por interés personal la imagen de AMLO en un sentido comercial, para sacar ventajas económicas o de simple marketing.

A pesar de sus múltiples seguidores en las redes, ninguno ha profundizado en el origen de su inspirado modelo cultural. Según los ideales pregonados por AMLO, en sus propias palabras, descansa sobre las enseñanzas de Hidalgo, Morelos, Juárez, Lázaro Cárdenas. La abolición de la esclavitud, la igualdad, es decir «con el pueblo todo, sin el pueblo nada». Aunque en realidad, existen verdades más profundas de innegable repercusión histórica que se remontan a épocas mucho más antiguas que marcaron a profundidad su filosofía política. Sobre todo, su encuentro con el Conocimiento Sagrado de la antigua Cosmovisión de los pueblos originarios, un tema desestimado, y, sin embargo, es ahí donde se encuentran muchas de las respuestas y se nos revela la auténtica fuente de los ideales lopezobradoristas.

PERFIL

«Cuando adquieres suficiente paz interior y te sientes realmente positivo contigo mismo, es casi imposible para ti ser controlado y manipulado por nadie más».
Wayne Dyer

Para comprender el perfil enmarcado en la personalidad de un líder como AMLO es menester explorar algunos conceptos asociados a su idealismo, porque es indudable su liderazgo idealista. Para tener una mejor percepción de su conducta política y sus decisiones, baste apegarnos a la definición filosófica sobre la moral de los idealistas descrita en la obra, «El Hombre Mediocre» del eminente maestro argentino José Ingenieros: «Todo idealismo es exagerado, necesita serlo. Y debe ser cálido su idioma, como si desbordara la personalidad sobre lo impersonal; el pensamiento sin calor es muerto, frío, carece de estilo, no tiene firma. Jamás fueron tibios los genios, santos y los héroes. Para crear una partícula de Verdad, de Virtud, o de Belleza, se requiere un esfuerzo original y violento contra alguna rutina o prejuicio».

Se han hecho varios análisis en torno al perfil psicológico de AMLO, aunque muchos de ellos están sesgados y en el mejor de los casos caen en el determinismo, sin considerar las variables de una posible transmutación de las zonas oscuras de la personalidad, en cualidades o virtudes. La complejidad del pensamiento estructurado de un líder político y social como AMLO merece un estudio especial que está fuera de la competencia de este ensayo. Sin embargo, es interesante analizar ciertos rasgos psicológicos de la personalidad de un personaje tan polémico como Andrés Manuel López Obrador.

Por supuesto, no queremos pecar de pretensiosos al suponer la comprensión de sus mecanismos psicológicos, pero sí nos interesa reconocer ciertas decisiones que con el paso del tiempo le han dado la razón, y de alguna manera, esas acertadas decisiones lo llevaron a su éxito para hacerse con el poder. Es evidente que la mente de AMLO ve lo que otros no ven, prevé escenarios y se prepara para asumirlos con la actitud que lo caracteriza.

Por ejemplo, la decisión de conformar un «Plantón» en la principal avenida de La Ciudad de México, la avenida Reforma, le trajo muchas enemistades y dio un pretexto para que sus opositores le lanzaran una feroz campaña de desprestigio. La oposición a su movimiento de resistencia civil pacífica dio rienda suelta a su propaganda de odio.

Pero lo más relevante de esta decisión, es que AMLO la mantuvo bajo reserva. Es decir, ni siquiera sus colaboradores más cercanos sabían sobre el «Plantón de Reforma» que él había cavilado, al igual que las mayorías convocadas ese día que, por cierto, rebasaban el millón de personas para defender su triunfo en las elecciones del 2006. Los cercanos a AMLO se enteraron en el instante. En definitiva, no es sencillo cargar con la enorme responsabilidad de controlar a las masas y prescindir de posibles actos de violencia que hubieran costado numerosas vidas si se hubieran salido de su control. En ese sentido, AMLO lo ha hecho de forma magistral. Con posterioridad él declaró su decisión basada en los informes fehacientes de sus prosélitos, por la animosidad de ellos al mostrar estar enardecidos y dispuestos a conducirse por la vía no pacífica. El «Plantón de Reforma» cumplía el propósito de desahogar la animadversión ocasionada por el fraude oficialista. Cumplió con ello, pues no se rompió un solo vidrio y su movimiento se mantuvo por los causes pacíficos, mediante la conformación de su simbólico «Gobierno Legítimo».

De alguna manera todo esto ayudó también a sus adversarios políticos, los mismos que le arrebataron su triunfo electoral, porque mantuvieron el poder con una relativa gobernabilidad sin llegar a la represión violenta de una probable revuelta social contra el gobierno usurpador.

Posterior a su derrota en el 2012, AMLO volvió a reservar su decisión de renunciar o continuar con su lucha. Él mismo ha narrado haber preparado su discurso de despedida, anunciando su retiro de la política. Aunque, en el justo momento de pregonarlo a la audiencia, tomó la decisión de expresar que continuaría luchando hasta postularse nuevamente para la presidencia de la República en la contienda de 2018, afirmando: «La tercera es la vencida».

Hasta ahora no sabemos con precisión qué motivo la pasión de AMLO para volver a emprender su carrera por la presidencia de México. Lo que sí sabemos es su atrevimiento al desafiar a la poderosa minoría político económica que ha dominado desde hace mucho tiempo. «Es un timbre de orgullo enfrentar a esta mafia de poder económico y poder político. Y muy bueno para el país, para la purificación de la vida pública de México de que no haya simulación». —Dijo

AMLO a este respecto.

Varios intelectuales de izquierda han reconocido la inteligencia de AMLO como una cualidad de frialdad calculadora, y lo han calificado de ajedrecista. Todo estratega sabe que el concepto de la guerra, en su específico propósito de alcanzar el poder, puede aprenderse, al menos en la teoría, *jugando ajedrez*. En ese tenor, López Obrador se ha conducido con una «mente fría y corazón caliente», si hemos de ponerlo en sus propias palabras.

El fuego de su pasión por la lucha política, definida bajo sus propios términos, acompañada de una mentalidad lógica, una máquina racional y calculadora. AMLO es un estratega y también un excelente operador político, requisitos suficientes para asumirse como Estadista. Esa es su ventaja sobre sus oponentes, quienes quizás posean los conocimientos apropiados para administrar un Estado, pero carecen de la ardiente pasión para movilizarse, convencer y adoctrinar a las multitudes.

MAÑANERAS

«Orador es aquel que dice lo que piensa y siente lo que dice».
William J. Bryan

La estrategia utilizada por AMLO desde que era Jefe de Gobierno de la CDMX, siempre lo mantuvo a la vanguardia de la agenda política y lo perfiló como un futuro candidato a la presidencia. Los medios de información han girado en razón de las noticias emitidas desde las conferencias mañaneras, y no en el tradicional boletín oficial emitido por la prensa orgánica de las agencias noticiosas. Sin embargo, esta es una interpretación muy simple de los verdaderos motivos de las conferencias mañaneras. Porque desde una óptica no laica, las mañaneras son en realidad un púlpito desde donde se ideologiza a los correligionarios de su movimiento, es su medio para transmitir sus propios símbolos, su interpretación del mundo, su cosmovisión.

Desde su pañuelo blanco que en varias ocasiones ha mostrado como signo de paz, el símbolo de limpieza en su lucha contra la corrupción, pasando por su concisa frase: «El pueblo se cansa de tanta pinche transa».

Una muestra del éxito de su adoctrinamiento popular, descansa en la infinidad de comentarios aplaudiendo las enseñanzas de AMLO sobre la historia de México, o sobre sus preceptos de lucha política cuando se defiende, o contraataca con su característico sarcasmo a sus adversarios. La audiencia en su mayoría, se mantiene fascinada con su mensaje y se identifica con su forma de hacer política.

Varios años atrás el intelectual neoliberal Enrique Krauze le había acuñado el mote de *mesías tropical*, en alusión a su particular manera de conducirse como líder sureño de las masas y en general por sus ideales redentores.

Las conferencias mañaneras son un efectivo instrumento para imponer sus ideales, donde el formato de su contenido lo diseña a su antojo. Incluye por igual, la sección donde se muestran los avances de sus grandes obras de infraestructura, la invitación de funcionarios de otras naciones, informes habituales de las diversas dependencias de su gobierno y también utiliza su espacio público para desmentir las campañas de desprestigio acuñadas por sus oponentes.

Veamos lo que nos profiere el luchador social de origen español Pablo Iglesias, sobre la relevancia de las mañaneras implementadas por Andrés Manuel López Obrador:

«Las mañaneras son un artefacto comunicativo que se está estudiando en todo el mundo. Se van escribir tesis doctorales. Especialistas en comunicación van escribir tesis doctorales sobre las mañaneras, por lo que representa en términos de la historia de la comunicación política en México, en América Latina y a nivel mundial».

Las conferencias mañaneras no sólo mantienen en

constante ventaja política al presidente de México sobre sus oponentes, sino también le da un poder de comunicación difícil de imitar, porque todo ello es el efecto de su vinculación con las causas populares construidas durante largos años de lucha social.

Sus oponentes han caído en la trampa, lo atacan desde la plataforma ideológica pregonada por él y desde la agenda política, también delineada por su propio modelo. Es por ello, que aun con todos los ataques propinados, su proyecto mantiene su vitalidad y pone a prueba su resistencia.

El mismo AMLO ha mencionado que sus mensajes pretenden ser pedagógicos, palabras más, palabras menos: «Un escritor no debe repetir lo que escribe, pero para un orador es necesario repetir y repetir». Pero no todo queda en un simple ejercicio lúdico de exitosa mercadotecnia política. Si hemos de creer en la mística ideológica de AMLO, con base en los preceptos de las antiguas culturas de Anáhuac, ensalzadas al parecer, con un sincero gesto de su parte, entonces no podemos permitirnos el lujo de omitir la evocación de la trascendente figura del Tlatoani. El líder predicador del pueblo. Tlatoani significa el «Señor de la palabra», el puente entre el consejo de ancianos sabios o *naguales* y el pueblo. No podemos omitir o ver como algo casual, que una de las imágenes oficiales de gobierno es la estilización de una serpiente emplumada o «Quetzalcóatl», entre otros personajes y símbolos históricos.

Sus mañaneras, son un acertado ejercicio ideológico, si hemos de apegarnos a la definición del economista francés Thomas Piketty: «Ideología es un intento más o menos coherente de ofrecer respuestas a un conjunto de preguntas extremadamente diversas acerca de la organización deseada o ideal de la sociedad».

Si bien es cierto, AMLO aún está muy lejos de encarnar el trascendental papel de un Tlatoani, no deja de ser verdad también, su afinidad ideológica con los pueblos originarios del México antiguo.

Asimismo, son otras las circunstancias históricas para aplicar un modelo político de estructura filosófica fundamentada en la Cosmovisión de Anáhuac, el presidente tendría que haber egresado de las «Escuelas» donde se impartía el antiguo Conocimiento Tolteca. Aunque no deja de ser meritorio que él representa la transición de un futuro con nuevas ideas, con nuevos horizontes donde se refugia la consciencia de un «México despierto».

MANUAL DEL ÉXITO

«A veces la adversidad es lo que necesitas encarar para ser exitoso».
Zig Ziglar

En la famosa serie de «The History Channel» conocida como «Manual del éxito» se describen magistralmente varias tácticas para alcanzar el éxito, algunas de ellas utilizadas por AMLO para tener ventaja sobre los demás políticos. Por supuesto, no creemos que López Obrador fundamente su conducta en las enseñanzas de esta serie, pero es muy evidente la sabiduría universal de un político con la intuición desarrollada. Incluso su modelo de hacer política, puede adoptarse para cualquiera que tenga la intención de seguir el camino del oficio político o del servidor público.

No por nada, hay políticos tanto nacionales, como internacionales observando los resultados de la gestión y carrera política de AMLO, y han adaptado a su propio estilo algunos enfoques determinantes de su gobierno. Veamos:

1.- «La sabiduría de la multitud».

Es la táctica de éxito, mediante ejemplos y experimentos sociológicos llevados a cabo por los investigadores comisionados por «The History Channel» para comprobar su eficacia. Y advierte la consistente efectividad de esta táctica afirmando: «¡Cuidado con los expertos! No hacer caso a los expertos y confiar en la multitud. La opinión de los expertos es una de muchas. El promedio de la opinión es la respuesta más acertada a una pregunta». Esta táctica se basa en la *ley de los grandes números*, consistente en tomar la mayor muestra posible de una multitud para predecir un evento futuro.

Al parecer AMLO se conduce de manera innata bajo el conocimiento sobre esta táctica, o su vocación de ser democrático lo hace optar por considerar determinante la voz del pueblo para decidir sobre los asuntos de la nación. En muchas ocasiones ha repetido su consistente frase en relación a este punto: «Yo no tengo asesores, mi único asesor es el pueblo. El pueblo es bueno y sabio».

También ha rechazado de continuo la opinión de los *expertos*, ya sea en asuntos económicos o políticos. Volvemos a reiterar, los políticos mexicanos convencionales se han alejado tanto de la sabiduría popular, que están pagando muy caro su error. Le apostaron más al acercamiento con las cúpulas del poder económico y se distanciaron de forma abismal de la clase popular.

En contraste, AMLO ha hecho todo lo contrario. Se ha alejado de la cúpula económica o se mantiene al margen de ella para tomar sus propias decisiones presidenciables. Esa conducta le ha valido la desaprobación de los intelectuales alineados a las minorías cupulares, pero como lo sugiere el principio de «La sabiduría de la multitud» la opinión de estos expertos no tiene el más mínimo efecto en la opinión popular de las mayorías.

2.- «El amuleto de la suerte».

Según el famoso documental de «The History Channel», poseer un amuleto de la suerte estimula la confianza en sí mismo, lo compromete a crear una profecía autocumplida. Es una táctica para ser supersticioso, y creer que el triunfo será determinante por la simple posesión de un amuleto. Aunque la ciencia describe a la «suerte» como fruto de la ignorancia. Empero, la confianza en fuerzas invisibles conspirando a nuestro favor, amplifican nuestras posibilidades de triunfar. Es una manera de mantener la esperanza de controlar lo incontrolable o de mantener la actitud de control.

En ese sentido, AMLO no duda en manifestar su respeto por los amuletos con imágenes religiosas. Quizás se deba al hecho de que son regalos afectuosos de la gente impresionada por su liderazgo, o quizás porque en realidad cree en la misión encomendada por el destino histórico o la divina providencia. «Mi escudo protector es la honestidad. Eso es lo que me protege, el no permitir la corrupción. Miren este es el detente (estampa). Esto me lo da la gente».

A muchos les causó asombro y cierta mofa, cuando en una conferencia matutina, López Obrador extrajo de su cartera un amuleto consistente en una estampa religiosa y varios objetos del mismo tipo. Agregó también al mostrar una imagen: «Detente, enemigo, que el corazón de Jesús está conmigo». Además, mencionó poseer un trébol de la suerte obsequiado por un seguidor suyo, oriundo del estado de Tamaulipas.

3.- «La táctica del espejo».

Vestir como aquellos a quienes desea uno impresionar es una manera de conservar los vínculos de identificación con las audiencias cautivadas por nuestra personalidad, es una forma de reflejar la conducta de quienes deseamos atraer.

Según los científicos del «Manual del Éxito» de «The History Channel», «Nos agrada la gente que viste como nosotros». Mediante esta percepción, se puede comprender la capacidad de AMLO para atraer a las masas, porque es un maestro consumado de la empatía. La naturaleza humilde de su forma de ser lo han convertido en alguien carismático y confiable, porque da la impresión de ser uno más del pueblo. Su vestimenta como ya lo mencionamos anteriormente, le ha valido las críticas de los expertos en el manejo de imagen política, pero eso carece de relevancia a la hora de analizar la autenticidad de un político como AMLO, donde la vestimenta es algo secundario, porque el espejo de la sociedad en su conjunto se refleja en la figura representativa de un «hijo del pueblo» como López Obrador.

En sus giras suele verse al «presidente» en distintos parajes de los pueblos más recónditos, ya sea comiendo en fondas, platicando con los caminantes de algún lugar o platicando con algún comerciante. Todas estas acciones lo hacen ver ante el panorama público como un ciudadano común, es decir, vulnerable. A diferencia del típico político que se distancía de sus gobernados al reflejar su temor al pueblo cuando es escoltado por algún exagerado aparato de seguridad. En contraste, AMLO manifiesta una contradicción, siendo un hombre de los más poderosos de México, a sus seguidores les nace brindarle una afectuosa protección ante los ataques de sus enemigos políticos.

4.- «KIS: Keep it simple idiot» (Mantenlo simple idiota).

La siguiente táctica propuesta por la serie de «The History Channel», siempre ha sido utilizada por AMLO. Su constante asociación con las causas populares desde los inicios de su carrera, le hicieron comprender la necesidad de manejar un discurso al alcance de las mayorías. Su lenguaje sencillo, claro, a veces no tan fluido, pero con posturas muy definidas en la forma, han acuñado en él a un excelente líder de masas. En los debates previos a su ascensión a la presidencia, AMLO no hizo muestra de haber ensayado su rol para fingirse como gran interlocutor, en cambio sus adversarios, José Antonio Meade y Ricardo Anaya, ensayaron con empeño bajo la guía de sus *asesores expertos*, y procuraron lucir como dueños de la situación, cultos, hábiles y con un lenguaje digno de un tecnócrata, manejaron cifras, estadísticas y datos duros para impresionar a la audiencia.

Aunque, en la realidad, a las audiencias mayoritarias les parecen muy mentirosos los políticos con esas características. Los consideran políticos falsos, simples demagogos y solo les inspiran desprecio. En el mejor de los casos, las masas consideran que se expresan bien, pero sus palabras son vacías y, por lo tanto, no se identifican con ellos. AMLO ganó el debate ignorando a José Antonio Meade y enfocó sus ingeniosas ocurrencias en Ricardo Anaya, a quien designó con un apodo en apariencia espontáneo.

Las audiencias olvidaron todos los argumentos y propuestas políticas de todos los participantes, únicamente se recordó el apodo acuñado por el futuro presidente de México a su más cercano competidor. Así ganó el debate. AMLO demostró ser un maestro del marketing político: construir respuestas con palabras apropiadas, y emitirlas en el momento indicado. Por supuesto, los expertos y politólogos reprobaron la conducta de AMLO y criticaron el bajo nivel del debate.

No obstante, en realidad López Obrador era consciente de sus críticas y conocedor de lo que gusta a las mayorías, él únicamente actuó en consecuencia. Es curioso, pero eso es algo que los adversarios de AMLO han comprendido con suma dilación.

Sin embargo, han caído en dos errores, primero: ya es demasiado tarde para asumirse como algo que ellos nunca han sido y sería muy difícil que lo sean, es decir, *hijos del pueblo*. Segundo: ellos no están acostumbrados a convivir con las clases populares. Por el contrario, las desprecian, y prueba de ello es lo ridículo que se han visualizado aquellos políticos al esforzarse por parecer gente humilde, sencilla o desposeída. Un total despropósito, aunque ya saben cuál es el camino para recuperar el poder, tienen que formar cuadros con otra generación de políticos con diferentes perfiles u otros estándares de medición, si se proponen recuperarlo alguna vez.

AMLO ya trazó la hoja de ruta y se verán obligados a seguirla si quieren arrebatarle el poder de manera democrática, tanto a él o a sus sucesores. Inclusive, los mismos sucesores de AMLO tienen que mantener la continuidad de su perfil austero, popular y sencillo, para no perder fuerza y dar motivos a la oposición para destituirlos.

En una entrevista con el periodista Alejandro Páez Varela, el escritor Fabrizio Mejía, describió de forma muy puntual la realidad política de la oposición con base en las elecciones intermedias de 2020 para el «Congreso de la Unión», donde el movimiento de MORENA volvió a derrotar a la oposición o al menos conservó la mayoría de las curules: «…La oposición…están tratando de despegar…en algún momento pensaron que el exterior del país podría ser su propio espacio. Hubo llamados de Enrique Krauze a Biden para que interviniera en México. Llamados al Rey de España, reuniones con el Departamento de Estado de E.U…(Llamados) a la OEA. Finalmente, ese no les funcionó. Tuvieron que regresar a este humilde país que no les gusta, donde hay gente morena y donde la gente es pobre… y tuvieron que regresar a tratar hacer política. Porque ese es el fondo del problema de la oposición: que nunca tuvieron que hacer política. No saben qué es eso. No saben siquiera…creen que el éxito de López Obrador es por cómo habla…Tienen que aprender a hacer política, porque ellos se reunían con el presidente. Tomaban acuerdos…Peña, con Calderón, y ahora no se reúnen con el presidente. Tienen que hacer política. «No entienden…(AMLO) es un presidente que se hizo abajo».

Sin emitir juicios superficiales sobre el perfil de éxito político del presidente Andrés Manuel López Obrador, es necesario ponderar su originalidad como su principal carta credencial. Su éxito como político contiene ciertos rasgos comunes con el éxito en general, tales como la perseverancia, la claridad de metas y una sólida determinación, pero es un camino que utiliza otros causes diferentes al sistema hereditario de castas o clases económicas.

El modelo de su éxito puede ser extensivo hacia cualquier empresa o meta propuesta por lo innovador de sus ideas. Aunque parezcan ocurrencias, en el fondo son ideas disruptivas, rompiendo con los parámetros del pensamiento anquilosado y conservador. Un ejemplo claro de esto, es la rifa del «Avión Presidencial». A muchos les pareció una ocurrencia ridícula, una idea inmadura. Para otros fue una idea diferente, y por lo tanto difícil de ser aceptada de facto. Otro rasgo explicativo de su éxito, y quizás el más importante, es la práctica de la *renuncia*.

En los términos de la cosmovisión antigua, todo sabio chamán sabe que renunciar a los placeres o satisfactores inmediatos o de corto plazo, nos garantiza la atracción de mayor «Poder Personal», y así se va escalando hasta lograr la anhelada *liberación espiritual*, la evolución a otros planos de realidad sutil. AMLO renunció a una vida doméstica, a pasar poco tiempo con su familia, para mantenerse activo hasta hacerse con el poder.

Él ha codificado el tiempo de acción diciendo que San Benito estableció que se necesitan 8 horas para trabajar, 8 para pensar y 8 horas para descansar. Sin embargo, AMLO dice que él ya no necesita pensar, el proyecto y la directriz de sus acciones ya las tiene trazadas, por ello trabaja 16 horas diarias.

INICIACIÓN

**«No vayas detrás de mí, tal vez yo no sepa liderar. No vayas delante, tal vez no quiera seguirte. Ven a mi lado para poder caminar juntos».
Proverbio Ute**

Andrés Manuel López Obrador, en su recorrido por todas las culturas de México había tenido interesantes encuentros con sabios chamanes, naguales, maracames, o maestros de la antigua sabiduría Tolteca. Todos estos encuentros le hicieron ratificar la frase de la obra de L.B. Simpson: México es, «Muchos Méxicos». Un país complejo, todo un desafío a la comprensión convencional de los políticos promedio.

También le proporcionaron su visión de país, y le inspiraron para la elaboración de una agenda política apegada a estos ideales. Cabe aclarar lo siguiente, la sabiduría Tolteca a la que hacemos alusión se refiere al nivel de calidad humana. Tolteca es una connotación para asignar niveles de calidad humana, no es un regionalismo, un gentilicio, o un rango de jerarquía vertical.

La sabiduría Tolteca era la base cognitiva de todo el sistema social que sustentaba a todos los pueblos y culturas de Anáhuac, es decir, de todo el continente de América. El tema es extenso y requiere un trabajo exclusivo sobre la temática para poder comprender el espíritu de la auténtica sabiduría Tolteca, por ahora es importante comprender que el factor común a todo el mosaico cultural de Anáhuac es la grandeza de su percepción cósmica, su pensamiento o cosmovisión, la cual fue producto de una profunda filosofía humanista.

Es por demás revelador, los valores morales que AMLO intenta incorporar, aun pareciendo ingenuo, a la política desde su Movimiento de Regeneración Nacional (MORENA), lucen por su sencillez: No mentir, no robar y no Traicionar. Curiosamente, estos valores coinciden en lo sustancial con la alucinante reflexión del antropólogo de origen suizo Raphael Girard, quien dedicó gran parte de su estudio profesional al esoterismo de los Mayas, disertando lo siguiente: «El día que despierten estos pueblos de América India se irán para arriba. Cuentan con un maravilloso pasado, incomparable, único. Yo soy suizo, pero tenemos los europeos que aprender mucho de los indios americanos. Son la reserva moral del mañana. No mienten, no roban, no son ociosos. La moral cósmica de estos indios puede ser la base de las sociedades del futuro».

En los sucesivo, AMLO ya tenía toda una agenda, y su respectivo programa político desde muchos años antes de su llegada al poder. Quizás afinó con sumo detalle toda su percepción de la gran nación mexicana, y el enfoque de sus futuras estrategias políticas. Él mismo sostiene que una de sus principales acciones sería separar el poder político, del poder económico. Aseverando lo siguiente: «…nunca voy a olvidar…al migrante de San Quintín…cuando terminó un acto de campaña, me busca y me dice: ¡Oiga!, yo creo que vamos a ganar. Pero no se olvide. Así como Juárez separó el poder civil de la Iglesia. Así ahora lo que se necesita separar, el poder económico del poder político. Y que el gobierno represente a todos, no sólo a una minoría. Que el gobierno represente a ricos y pobres. Sabia lección».

Veamos ahora su definición de «Poder», fluyendo en paralelo con su ética moral: «El poder sólo tiene sentido y se convierte en virtud cuando se pone al servicio de los demás». AMLO siempre ha manifestado su predilección por la historia y se inspira en ella para proyectar sus propios ideales. Ha repetido en numerosas ocasiones, con gran dosis de certeza, que el pueblo de México siempre se ha levantado de sus calamidades históricas, gracias a la profundidad de sus raíces culturales, mismas que se remontan a miles de años. El mensaje es claro, la política del presidente de México descansa en los valores del «México Profundo», en la medida de lo posible.

Desde el evento multitudinario llevado a cabo por el presidente López Obrador en el Zócalo de la CDMX después de tomar protesta en el Congreso de la Unión, lanzó mensajes, señales de cómo sería su gobierno o el rumbo de sus futuras políticas públicas. Es importante destacar el simbolismo de lo sucedido en la plaza del Zócalo, pues sin lugar a dudas fue un marcado «acto iniciático». El templete estaba decorado con una escenografía compuesta principalmente de aspectos relacionados con la Cosmovisión de los pueblos originarios del Anáhuac y sobre todo enfatizando el gran tesoro de la riqueza humana, el garante de su preservación como especie: el «bendito Maíz», como bien le llama AMLO.

Por supuesto, sin soslayar el sincretismo de varios elementos que oscilaron entre el catolicismo y la somera cosmovisión antigua proyectada por el «Bastón de mando» conferido por los representantes de los sabios abuelos de las principales facciones de los pueblos originarios. La ceremonia de entrega del «Bastón de mando», fue un ceremonial iniciático, reconocido por los principales representantes públicos de los 68 pueblos originarios, en donde se invocó al espíritu universal con las vibrantes ondas del sonido del caracol sagrado, proyectado hacia los cuatro puntos cardinales. AMLO se hincó ante los rezos de quien fungía como sacerdote y chamán, haciendo alusión a una célebre frase de Ignacio Ramírez el «Nigromante»: «Yo me hinco donde se hinca el pueblo».

La lectura del evento no podía ser más evidente: el poder político estaría al servicio de los pueblos originarios y de todos los desposeídos, al menos esa es su intención original. El mismo AMLO en una de sus giras realizadas a la Sierra del estado de Guerrero, manifestó su beneplácito por el afecto conferido de los residentes de los pueblos originarios, de las zonas más pobres y aisladas del país hacia la persona del presidente de quienes expresó: «están empoderados, porque el gobierno es de ellos».

Con la *iniciación* del presidente de México se inició también la apertura a otra visión de la realidad. Sino es a otra realidad, al menos se dio inicio a una etapa de transición, la posibilidad de nuevas ideas, nuevo rumbo, nuevas mentes pensantes, un nuevo tiempo o el preámbulo a una nueva Era. En suma, a un nuevo proyecto denominado por AMLO como «Cuarta Transformación», la coyuntura política para crear nuevas filosofías y corrientes de pensamiento o deslizar las ya creadas, las filosofías apegadas a la tradición.

AMLO ya había sido *iniciado* por los antiguos sabios de la tradición cultural de México, el acto público con los 68 pueblos originarios fue una ratificación simbólica para enviar un mensaje al mundo y proporcionarle al evento un rango de trascendencia histórica.

Pero, ¿qué es una *iniciación*? Es un acto simbólico de muerte y resurrección. Es decir, un antes y un después, el final de una etapa y el inicio de otra, salir del espacio-tiempo profano y entrar a un espacio-tiempo sagrado. A pesar de que los componentes de la religión de las culturas originarias se encontraban mezclados con las creencias religiosas del catolicismo, el acto en sí mismo fue el anuncio internacional sobre el inició de la reivindicación del pensamiento del «México Profundo», frase de la obra del antropólogo Guillermo Bonfil Batalla, quien por cierto, consideraba que la interpretación de la historia del México antiguo debía regirse bajo otros patrones de concepción y no bajo la perspectiva ideológica europea.

No obstante, al final, las señales enviadas por AMLO hacia México y el mundo, no dejaron de incomodar a aquellas minorías que desde la caída de la gran Tenochtitlán y del Imperio de Anáhuac, se asumieron como los amos del país. La invocación de las energías emanadas de la antigua cosmovisión suele ser un tanto bizarro y fuera de serie, sobre todo porque viene del lado del poder constituido, situación extraña por tantos años de represión colonial.

La historia ha dado testimonio de un estancamiento del potencial energético de los poderosos guerreros que construyeron en tan sólo 100 años uno de los imperios más poderosos de la historia universal: el «Imperio Azteca». Los ideales místico-guerreros que llevaron a los Aztecas a la edificación de una sociedad autosustentable, soberana y poderosa, desde el cero de una recta numérica, desde la nada, cuya influencia se extendió hacia las cuatro direcciones por todo el continente de América. Su huella por el mundo transitorio de su paso por la Madre Tierra ha dejado rastros de una grandeza sin parangón, al mismo tiempo, de una ignominia histórica a la par de un descomunal golpe de muerte por parte de la cultura europea, impuesta por la espada y la cruz junto con la importación de enfermedades endémicas, que diezmaron trágicamente la vitalidad de un pueblo guerrero.

Amén de las terribles consecuencias de la invasión, la sociedad sobreviviente del antiguo México conservó la vitalidad de su pensamiento y se ha tornado cada vez más fuerte, porque el conocimiento esotérico, esencia de la antigua cultura no dejó de transmitirse de manera tradicional y secreta, en algunos casos.

El proyecto de expansión del «Quinto Sol», es en realidad la cosmovisión de los pueblos originarios conformada por la sociedad de los Aztecas. Dicho proyecto inconcluso, es decir, no llegó a su clímax, pues fue interrumpido por el exabrupto cultural con Europa. Este es, al parecer el verdadero motivo de lucha de AMLO, o al menos, él forma parte de la etapa de transición para darle una merecida continuidad a dicho programa.

La idea no es nueva, ya la había tratado el ilustre mexicano José Vasconcelos en su obra «La Raza Cósmica». En dicha obra se habla de la visión del intelectual mexicano para darle un nuevo rumbo a la humanidad, unificando las diferencias raciales de blancos, negros, rojos y amarillos, en una «Raza Cósmica», hermanada por lazos espirituales y no separada por los rasgos físicos.

También hace el planteamiento de crear escuelas de instructores universales para enseñarles este ideal de unificación mundial. Aunque, él propone que sea Brasil, la sede de los nuevos educadores de la humanidad, porque considera que la nación sudamericana con más potencial, es Brasil. Esta utopía para muchos, puede inspirarnos para salvaguardar el futuro de una humanidad en franca decadencia cultural. AMLO ha invocado el espíritu de los poderosos dioses antiguos y tiene que ser consecuente con su responsabilidad histórica. Hasta la mitad de su mandato, el presidente ha demostrado un admirable temple guerrero y un inagotable espíritu de lucha. Ha sabido atenuar y sobrellevar a las fuerzas opositoras, y con elocuente habilidad ha demostrado su genuino interés por ser recordado como un personaje reformador de la política en México, como el creador de un nuevo régimen.

Desde luego, es un ser humano con defectos, a veces se le mira fatigado, pero cuando se encuentra de gira en contacto con sus correligionarios, regresa con el espíritu renovado. La evolución de AMLO como político, principia por su iniciativa humanista y se encamina hacia una especie inclasificable de «chamanismo político». Por supuesto, desde una perspectiva social, sin dejar de lado la visión mágico religiosa de alguien que se erige para hacer justicia o al menos hacerla accesible a una población vejada y vulnerable.

Esperemos que el líder *iniciado* en el pensamiento de la antigua cosmovisión escale, y no se estanque en la figura de un «Aprendiz de Brujo», es decir, que no desate fuerzas difíciles de controlar dentro de la complejidad diferencial y cultural de una nación variopinta como México, tal como sucede en el poema sinfónico del compositor francés Paul Dukas, fundamentado en la obra de Johann Wolfgang von Goethe, en el cual hechizan a una escoba sin saber cómo desactivar el encantamiento invocado.

Por otra parte, ante este contradictorio *acto iniciático* acaecido en el Zócalo de la Ciudad de México y la incomprensión de su simbolismo histórico, el finado político y quien fuera sumamente pragmático: Porfirio Muñoz Ledo, trató de darle forma reflexiva al acto multitudinario acontecido en el Zócalo y escribió en la red social de Twitter hoy X:

«Desde la más intensa cercanía confirmé que Andrés Manuel ha tenido una transfiguración. Se mostró con una convicción profunda más allá del poder y la gloria, se reveló como un personaje místico, un cruzado, un iluminado».

«Se ha dicho que es un protestante disfrazado. Sin embargo, es un auténtico laico de dios y un servidor de la Patria».

Además de su plan político, enfocado esencialmente a los programas sociales destinados a las clases desprotegidas, López Obrador había fraguado durante sus años de lucha social una concepción fundamentada en los ideales del «México Profundo». AMLO tuvo a bien guardarse la filosofía maya-chontal aprendida durante su gestión en el «Instituto Nacional Indigenista».

Durante su travesía por ese instituto, desarrolló una particular sensibilidad con respecto a los pueblos originarios, mal llamados indígenas. Aunque, el término de indígena o indio, fue diseñado por los ideólogos colonialistas con un deliberado y claro propósito político, peyorativo y excluyente. Porque indio es aquel que nació en la India. Sin embargo, se arguye como un concepto académico, sin reparar en las repercusiones que ha tenido su uso en una sociedad donde el sistema de castas o clases sociales sigue formando parte del tejido social.

El mismo AMLO vivió la política discriminatoria, que en la época colonial era en la práctica una política de exterminio, y lo define así en una de sus obras escritas: «Los indígenas no sólo vivían arrinconados en la zona pantanosa, donde han estado por siglos, marginados y empobrecidos, sino que se les negaba hasta su misma existencia, siendo ellos los primeros que nacieron en aquellas tierras húmedas que un día se llamarían Tabasco. Para la oligarquía el indígena, era y en muchos casos sigue siendo, sinónimo de atraso».

Esta sentida reflexión por parte de AMLO, también le hizo identificar parte del origen de los problemas y desigualdades sociales: el «neoliberalismo». Esta ideología política, en la práctica está basada en el dominio de las minorías capitalistas financieristas, sobre las mayorías, a través de la concentración del poder económico en contubernio con la oligarquía política. Es un supracapitalismo sin regulación del Estado, o en su defecto el Estado al servicio de los grandes capitales.

El idealismo de AMLO cobra sentido cuando se comprende su experiencia con los Chontales de Tabasco, porque semejante propósito va más allá de cualquier ideología política. Los pueblos originarios, significan la pervivencia de una cosmovisión antigua, con suficientes razones para motivar los más nobles sentimientos:

«...la enseñanza mayor que recibí fue conocer el lado humano de las comunidades. Me tocó ver cómo un indígena de Oxiacaque se cortó el pie de un hachazo y tuvieron que llevarlo en hamaca a Nacajuca porque en ese pueblo aún no había un centro de salud ni existía un camino. Me impresionó ver cómo empezó a llegar la gente humilde a verlo a la hamaca y a darle 20 centavos, un peso, lo que tenían, porque sabían que iba a necesitarlo para la curación. «Vivir de cerca esa fraternidad, esa solidaridad, me hizo más humano. No cuenta sólo la teoría, lo que se aprende en los libros, sino lo que puede enseñar la gente del pueblo. Mi trabajo en las comunidades indígenas, viviendo entre los pobres, conociendo de cerca esa realidad, explica en buena medida lo que soy».

Veamos que la idea de un político inclinado a salvaguardar la pervivencia de los ideales de la sabiduría antigua no es tan descabellada, pues siempre ha permanecido viva la idea en el imaginario colectivo.

Echemos un vistazo a la «profecía Hopi», ampliamente difundida por el famoso actor y músico, Floyd «Red Crow» Westerman:

«El tiempo evoluciona, y llega a un lugar donde se renueva otra vez. Hay primero un tiempo de purificación, luego está el tiempo de renovación.

«Estamos muy cerca de este momento ahora. Nos dijeron que veríamos a América llegar y marcharse. En cierto sentido América está muriendo, desde dentro. Porque olvidaron las instrucciones de cómo vivir en la Tierra. Todo está llegando a un momento, en que la profecía y la incapacidad del hombre de vivir sobre la Tierra de una manera espiritual llegará a una encrucijada de grandes problemas. Y es una creencia de los Hopi que, si no estás conectado espiritualmente a la Tierra y no comprendes la realidad espiritual, de cómo vivir en la Tierra, es probable que no sobrevivas.

«Cuando llegó Colón empezó lo que nosotros llamamos la Primera Guerra Mundial. Esa fue la verdadera Primera Guerra Mundial, cuando llegó Colón. Porque con él vino todo el mundo desde Europa. Al final de la Segunda Guerra Mundial, en América quedábamos sólo 800,000 de 60 millones. Casi fuimos exterminados aquí en América.

«Todo es espiritual, todo tiene un espíritu. Todo…todo fue puesto aquí por un creador. El único creador. Algunas personas lo llamamos Dios, algunas personas lo llamamos Buda, algunas personas lo llamamos Alá, algunas personas lo llaman con otros nombres. Nosotros le llamamos Konkachila. Abuelo. Todos somos de la Tierra. Solo unos cuantos inviernos vamos al mundo espiritual. El mundo espiritual es más real, de lo que la mayoría de nosotros pensamos. El mundo espiritual es todo.

«Más del 95% de nuestro cuerpo es agua. Para tener buena salud tienes que beber agua buena. Cuando los europeos llegaron aquí, Colón, podíamos beber agua de cualquier río. Si los europeos hubieran vivido a la manera de los indios cuando vinieron, todavía estaríamos bebiendo nuestra agua, porque el agua es sagrada. El aire es sagrado. Nuestro ADN está hecho de lo mismo que el ADN del árbol. El árbol respira lo que nosotros exhalamos. Cuando el árbol exhala, nosotros necesitamos lo que el árbol exhala. Así que, tenemos un destino común con el árbol.

«Todos somos de la Tierra. Y cuando la Tierra, el agua. La atmósfera, es corrompida, creará su propia reacción. La Madre está reaccionando. En la profecía Hopi se dice que las tormentas e inundaciones se harán más intensas. Para mí no es negativo saber que habrá grandes cambios. No es negativo. Es evolución. Si lo miras como evolución ha llegado la hora. Nada permanece igual. Debes aprender a plantar algo. Esa es la primera conexión. Debes tratar todas las cosas como espíritu. Darte cuenta de que somos una sola familia».

Existe abundante información sobre esta corriente de pensamiento, hablando sobre un *despertar de la consciencia*; aunque la idea no es nueva y formó parte de la manipulación de los círculos de ingeniería social lanzada por los movimientos de la llamada «New Age» de los años 60t´s, no podemos negar la existencia de motivos históricos fehacientes de los pueblos originarios de América a todo lo largo del continente, esperando las condiciones apropiadas para renacer con nuevos bríos. Otro ejemplo de la expectativa que suscita un posible renacimiento de los ideales del universo náhuatl, lo proyecta en su novela el escritor y poeta inglés David Herbert Lawrence: «La Serpiente Emplumada». En ella deja entrever, cierto halo de sospecha de un posible movimiento inspirado en el Conocimiento Sagrado de la Cosmovisión de los pueblos originarios.

En dicha novela desliza la idea de un movimiento político denominado «Quetzalcóatl», originado en un pueblo del Estado de Jalisco. La sospecha de algo semejante es debida al «complejo de culpa» guardado en lo más profundo de la psicología de los europeos con respecto a América. En especial de los españoles, y muestra de ello fue la funesta reacción de la «Corona Española», tanto como de su elite política e intelectual, respecto a la carta enviada por AMLO con una propuesta de perdón y reconciliación con los pueblos originarios. No olvidemos que, en la práctica, el llamado «Renacimiento Europeo» se debió en gran parte a la enorme riqueza cultural y material exportada de Anáhuac a Europa, y disputada en altamar por los piratas anglosajones a los navíos hispanos. También, la etapa del «Renacimiento» se iluminó gracias a los descubrimientos científicos de Anáhuac y de sus aportes cognitivos en muchos ámbitos del arte y otras asignaturas.

De acuerdo a esta realidad, que muy poco se ha tratado y la mayoría de las veces no se logra visibilizar, es la estrecha relación de AMLO con los llamados antiguos «hombres y mujeres de conocimiento u hombres y mujeres de poder». En este tenor, el «poder» para los antiguos mexicanos se basa en la sabiduría cósmica y no en el sentido convencional de la riqueza materialista. Veamos un ejemplo de esta trascendencia política:

En uno de sus actos públicos, en Hermosillo Sonora. AMLO presenta un acto ritual con el movimiento de una sencilla danza trazando círculos simbolizando las 7 estrellas del Tlalocan, el cielo de Tláloc, el destino espiritual de los guerreros toltecas, cuya equivalencia astronómica es la constelación de la «Osa Mayor», con 7 mujeres danzantes y dos sacerdotisas emitiendo bellísimos cantos sagrados en el idioma de los Seris. Un acto por demás, revelador.

En consonancia con una fuente fidedigna, un sabio *nagual* de la región Yaqui del estado de Sonora llamado Cesáreo, nos platicó que el presidente López Obrador hizo público un acuerdo para hacer justicia a los pueblos que han sido discriminados, denostados y vejados, desde hace 500 años. Está documentado el asesinato de aproximadamente quince mil yaquis, tan sólo del régimen de Porfirio Díaz. ¿Seríamos capaces de imaginar lo sucedido en la época del *virreynato colonial* con todos los pueblos originarios de Anáhuac en las llamadas «Encomiendas»?

Sin embargo, esto probó de forma convincente la fortaleza espiritual de la cultura de los pueblos originarios. A pesar de los tratos «inhumanos», pues durante el colonialismo se consideraba «no humanos» o herejes, in-dios o sin dios, a los antiguos mexicanos, de ahí el error en mantener vigente la atribución de estos calificativos.

«El acuerdo pactado con el presidente va más allá de alguna formalidad política e histórica. Nosotros estamos conscientes de nuestro papel histórico, hemos sobrevivido y con el presidente realizamos un ceremonial simbólico para sellar nuestras palabras y no quede en simples promesas». Fueron las palabras de Cesáreo, un *nagual* Yaqui. También, me afirmó que muchos pueblos hermanos como los seris, pimas, coras, mayas, incas, mapuches, los tucuna, los deshana, los cashinawa, y todos los grupos étnicos del norte y sur del continente están vinculados por las raíces comunes y tienen el mismo propósito de adaptarse al nuevo ciclo de reivindicación cultural. Inclusive, algunos chamanes de regiones como el Perú se les ha visto realizar actos ceremoniales tradicionales con la fotografía de AMLO, a quien consideran un portavoz oficial de los antiguos valores culturales y buscan protegerlo en la distancia, mediante la invocación de las fuerzas metafísicas del espíritu.

Así como con el pueblo Yaqui, el presidente ha fijado su postura con todos los pueblos originarios de México, y en nombre del gobierno ha expresado su perdón por todas las injusticias cometidas en nombre de la civilización y quiere reiniciar un nuevo ciclo político de *inclusión y reconciliación*.

MÉXICO Y ESPAÑA

«En tanto que permanezca el mundo, no acabará la fama y gloria de México Tenochtitlán». Memoriales de Anáhuac

Hay pasajes históricos poco conocidos, porque a la historia oficialista no le conviene contravenir la consigna de la casta «vencedora» respecto al capítulo resultante de la invasión a Anáhuac, aunque, en realidad la relación entre México y Europa inicia desde la Edad Media, así lo refieren los archivos conformados por más de 6 millones de documentos, propiedad de la luchadora social y española Luisa Isabel Álvarez de Toledo, conocida también como la «duquesa roja» de Medina Sidonia.

Entre los documentos se encuentran registros de viajes realizados por europeos, muchos años antes del supuesto descubrimiento de Cristóbal Colón al continente de Anáhuac o América, y de europeos nacidos en el México antiguo, como Guzmán el Bueno, quien afirmó haber nacido hacia el siglo XIII.

La caída del magno Imperio de Anáhuac, cuyo ombligo residía en la gran Ciudad-Estado de México Tenochtitlán, obedeció a un plan deliberado para minar su poderío por parte de prosélitos mexicanos conversos al pensamiento eurocéntrico y a las comunidades europeas asentadas desde mucho tiempo ha, en sociedad con los grupos del poder político, económico y religioso de Europa.

En ese sentido, AMLO señala a los grupos conservadores de la historia reciente. Sin embargo, estos grupos ya existían desde el siglo XIII de la Era y muchos de ellos fueron quienes se unieron a las huestes comandadas por Hernán Cortés, lo que explica en sumo grado la atroz caída de la poderosa ciudad-estado de Tenochtitlán. Inclusive, muchos de estos personajes ya habían sido bautizados y tenían nombres compuestos, es decir, conversos a la religión cristiana que ya había penetrado en el corazón de una minoría con importantes puestos jerárquicos del gobierno de Anáhuac mediante la evangelización pacífica, porque existía un templo denominado *Coateocalli,* edificado especialmente para la adoración de los «diversos dioses». Así lo platica Fray Diego Durán:

«Parecióle al rey Motecuhzoma que faltaba un templo que fuese conmemoración de todos los ídolos que en esta tierra adoraban, y movido con celo de religión mandó que se edificase, el cual se edificó contenido en el de Huitzilopochtli, en el lugar que son ahora las casas de Acevedo: llámanle *Coateocalli,* que quiere decir casa de los diversos dioses que hay en todos los pueblos y provincias; los tenían allí allegados dentro de una sala, y era tanto el número de ellos y de tantas maneras y visajes y hechuras».

Este pasaje demuestra la tolerancia religiosa, si bien es cierto, no específica la existencia particular de la religión cristiana, si hace alusión a la aceptación de otros cultos. Recordemos que la Cosmovisión de los pueblos y naciones de la Anáhuac continental era la misma. La existencia de otros ídolos, considerados ajenos, pero al mismo tiempo aceptados, se apega más a la versión de la «Duquesa Roja» de Medina Sidonia.

De esa manera se derrumba el mito de la conquista realizada por un puñado de ambiciosos soldados, entre otras falacias históricas que tanto daño han hecho a la psicología de los pueblos originarios de Anáhuac. Anáhuac era todo el continente de América, y estaba constituido por naciones enraizadas en la misma cultura milenaria o con la misma cosmovisión. Se requeriría un tratado especial para desarrollar a profundidad toda la temática concerniente a este episodio desconocido de la historia de México.

Desde su asunción del poder, AMLO enfocó su política exterior hacia los grupos de poder asociados con la corrupción de España y México, aclarando que jamás ha emitido una declaración adversa al pueblo español. Por el contrario, ha reconocido al pueblo español como noble y trabajador. Desde la invitación del presidente español en «Palacio Nacional de Gobierno», previo a una cena protocolaria, el presidente de México le dijo de manera toral que no iba a permitir la realización de negocios con empresas españolas que carecieran de ética. Evidentemente, se refería a las empresas españolas como Repsol, Iberdrola, OHL, y demás empresas bancarias de origen español imbuidas en la corrupción.

En varias ocasiones el presidente Andrés Manuel López Obrador ha reprochado que el saqueo de la riqueza de México en el periodo de gobierno de los neoliberales en complicidad con empresas españolas principalmente, «…ha sido 10 veces más que en la época de la Colonia…México ya no es tierra de conquista. Que se vayan a robar a otra parte».

También afirmó con respecto a la corrupción de la nobleza española:

«Yo lamento lo que está pasando en España, que no se informa y no se dice nada. El pueblo español, un pueblo trabajador y honesto, tiene ahora que cargar con la vergüenza de que, aun por instrucciones y recomendaciones de un juez, debía ser investigado el Rey. El que aplicó al mando, y a la Corona y en un tribunal especial se le exonera».

A partir de ese encuentro, las relaciones entre el gobierno de México y el de España se empezaron a tensar. En algunas de sus famosas conferencias de prensa, AMLO señaló mediante dura crítica, el oscuro episodio histórico de la invasión de España a México, en el contexto de la carta que envió a la Corona española con todos los protocolos diplomáticos.

Sin embargo, el poder monárquico la filtró y la hizo pública: «No descartamos de que haya de parte gobierno español, de la monarquía. Un cambio de actitud y con humildad se ofrezca una disculpa, un perdón. Pensando en dejar atrás esa confrontación y hermanarnos y ver hacia adelante. Pensar en la reconciliación. Pero considero que no es en vano que esto se pueda llevar a cabo».

En la conmemoración de los 800 años de la fundación de la Gran Tenochtitlán y los 500 años de la caída del Imperio de Anáhuac, AMLO anunció dichos eventos con una ingeniosa fraseología que contiene un simbolismo con claros objetivos de reivindicación de los antiguos principios cosmoculturales de los pueblos originarios.

La conmemoración la anunció oficialmente con el

lema: «500 años de Resistencia Indígena». ¿Resistencia? Esta afirmación tiene múltiples vertientes de interpretación, comprende que la vigencia del pasaje histórico de la «Conquista» o «Invasión» tiene actualidad. Es decir, es una herida abierta, una página no concluida. No carece de razón, la ideología del colonialismo psicológico eurocéntrico continúa gobernando nuestras vidas. La independencia de las naciones de Anáhuac es una parcialidad dada en la forma, pero en realidad es inexistente en el fondo.

Al episodio de la «Conquista», amén de nombrarla algunas veces como «Invasión», el presidente también ha comentado asiduamente: «Como se le quiera llamar, permite sostener que la "Conquista" fue un rotundo fracaso, de ¿qué civilización se puede hablar? si se pierde la vida de millones de seres humanos y la nación, el imperio, la monarquía dominante no logran en tres siglos de colonización ni siquiera recuperar la población que existía antes de la ocupación militar».

Asimismo, describió a Hernán Cortés de la siguiente manera: «...un hombre de poder, un militar con valor, aplomo; un militar desalmado, un político, ambicioso de fortuna (...)». Y remató profiriendo: «De modo que la gran lección de la llamada "Conquista" es que nada justifica el imponer por la fuerza a otras naciones o culturas, un modelo político económico social o religioso en aras del bien de los conquistados o con la excusa de la civilización».

En su libro «Economía Moral», refiere puntualmente el principio histórico de la «Corrupción» en México o el primer acto corrupto de los españoles, aludiendo a Hernán Cortés y su círculo cercano, como los primeros en realizar el robo del llamado «Tesoro de Moctezuma», saqueado durante los terribles años que vivió el noble pueblo Azteca ante la ambición y malicia de los invasores hispanos.

«¿Hubo civilización, o nos civilizaron? —pregunta AMLO ironizando. —Si no aumentó la población». Refiriéndose a la infección de la viruela y otras, traídas por los españoles a México. «¿Por qué pensar que México comenzó a la llegada de los europeos? Si eso apenas significó 500 años. Y México se fundó, de 5 a 10,000 años, antes de la Era cristiana. Sí hay vestigios… «Somos herederos de grandes civilizaciones, de grandes culturas…»

Ahora bien, llama la atención la opinión del historiador español Antonio Espino, quien dijo ante la agencia «Europa Press»: «España sí debe disculparse. En el argumento del perdón me inclino a pensar por unas disculpas, pero no a toda la sociedad latinoamericana, sino a esos descendientes directos que sufrieron las más terribles de las violencias y de los que los españoles se aprovecharon de manera muy clara y evidente».

El historiador publicó un libro llamado «La invasión de América», donde argumenta con objetividad los injustos métodos utilizados por los españoles para vejar a los pueblos sometidos. De alguna manera, se puede poner a consideración la posibilidad de darle la razón a AMLO, o por lo menos darle el beneficio de la duda con respecto a su petición de una disculpa de la «Corona Española» y del «Papa Francisco». AMLO ha explicado con claridad su desacuerdo con los grupos facticos, encargados en beneficiarse de los negocios fraguados con el erario público en detrimento de la sociedad general.

También, ha señalado la asociación de estos grupos

con fuerzas políticas de gobiernos exteriores calificándolas de injerencistas. Desde luego, se ha referido al gobierno de Estados Unidos y su financiamiento a la ONG, «Mexicanos Unidos contra la Corrupción». Es curioso, que AMLO ha llegado a mencionar abiertamente a «una especie de gobierno mundial» vulnerando la soberanía de las naciones para alinearlas a sus propios intereses.

AMLO portando con orgullo el bastón de mando confiado por la representación de los Pueblos Originarios durante el acto iniciático del Zócalo de la Ciudad de México.

EL PENACHO DE MOCTEZUMA

«Ciertas cosas pueden capturar tu mirada, pero sigue solo a las que puedan capturar tu corazón».
Proverbio Sioux

Otro episodio interesante es la petición de AMLO al gobierno de Austria en relación al retorno del «Penacho de Moctezuma» en calidad de préstamo, para los fines de exposición conmemorativa de los 700 años de la fundación de la ciudad de «México Tenochtitlán». Empero, el tocado artístico de plumas va más allá de su belleza y valor material, porque su verdadero valor tiene enorme relevancia simbólica y representa; por una parte, en términos políticos e históricos, un «trofeo» de los «vencedores».

Aunque no son los españoles quienes conservan el trofeo, pues se presume que Hernán Cortés lo envió al emperador «Carlos I» perteneciente a la casa de los Habsburgo. El tocado se encuentra en un país europeo y representa el dominio de la visión europea sobre la cosmovisión original de los pueblos de Anáhuac.

Moctezuma Xocoyotzin, era un *Tlatoani* ejemplar y de una personalidad refinada, a pesar del esfuerzo de los comentaristas y de algunos historiadores oficialistas en su intento fallido por denostarlo y hacerlo pasar por cobarde.

El rango de Tlatoani, era un logro alcanzado una vez que se habían allanado multitud de exámenes realizados en los estrictos centros de estudio conocidos como «Telpochcalli y Calmecac». Un dato curioso: en el mismo lugar geográfico donde se encuentra «Palacio nacional», se encontraba el aposento de los históricos líderes político religiosos, los Tlatoanis. Esa es una trascendente razón considerada por AMLO para haber elegido vivir en «Palacio», porque es un sitio de *Poder*, en su acepción mística.

En dichos centros, se templaban y desarrollaban a profundidad las potencialidades interiores de los estudiantes. El grado de «Tlatoani», era un nivel alcanzado por mérito personal y avalado por el consejo de sabios naguales. Consejo reconocido por los núcleos del conocimiento oculto diversificados en todo el mundo, como la «Hermandad Blanca» o «Hermandad de los Quetzalcóatl», también denominado «Tenochtli o Tuna Dura» por la solidez o cristalización interior de sus miembros, de ahí el nombre de Tenochtitlán, «lugar del Tenochtli», el centro del Magno Imperio de Anáhuac.

Retomando el tema, para darnos idea general de la trascendente figura de Moctezuma «El Magnífico»:

«Era bien acondicionado, aunque justiciero, afable, bien hablado, gracioso pero cuerdo y grave, que se hacía temer y acatar». López de Gómara.

«Tenía título de Tecatecle Tetuan Qutlacatl que significa señor sabio y poderoso». Obispo de Santo Domingo en carta redactada el 19 de abril de 1532.

«Teníanle todos sus vasallos, así grandes como chicos,

gran reverencia y temor, que casi le adoraban, era severo y cruel en castigar». Motolinía.

«Varón muy esforzado, muy belicoso y diestro en las armas, magnánimo y de gran habilidad y magnífico (…)». Bernardino de Sahagún.

«(…)Hombre de gran talento, había ocupado elevados puestos en su calidad de sacerdote y tlamatini, o sabio. Cuando los señores mexicas, de común acuerdo, lo eligieron por rey, tuvieron que ir a sacarlo del templo de Huitzilopochtli, en el que tenía un aposento donde se hallaba de ordinario dedicado a la meditación y estudio». Miguel León-Portilla.

En la antigua estructura y sistema social de Anáhuac se reconocía la capacidad de los gobernantes a quienes se convertían en «dueños de sí mismos», es decir autogobernando sus capacidades físicas, psicológicas y emocionales. Se apegaban al principio del silogismo: «Si te gobiernas a ti mismo, serás capaz de gobernar una nación».

Este principio, por supuesto, en la actualidad es inexistente para la mayoría de los gobernantes de México y del mundo, por ello son presas fáciles de la corrupción. En dicho aspecto, AMLO se ha templado a través del tiempo, tiene fijas y muy claras sus metas, un pensamiento dirigido y definido. Asimismo, ha demostrado poseer una férrea disciplina con base en la austeridad republicana de su filosofía política.

No pretendemos adivinar si tiene la capacidad de autogobernarse, a pesar de haber mostrado algunas aparentes pifias discursivas con la justificante de «Mi pecho no es bodega y siempre digo lo que pienso», quizás sean expresiones calculadas con alguna finalidad subrepticia. Tampoco podemos negar su perseverancia como una de sus sobresalientes cualidades.

Retomando el punto, en su acostumbrada conferencia mañanera, AMLO habló de la experiencia de su señora esposa Beatriz Gutiérrez Müller sobre la misión que le encomendó en su visita a Europa en el año 2020. En específico, señaló la entrevista de su esposa con el mandatario austriaco Alexander Van der Bell, la cual calificó como «muy desagradable», expresando lo siguiente:

«Fue muy desagradable este encuentro que sostuvo Beatriz con el presidente, porque me platica que él no tenía mucho conocimiento.

«Estaban rodeados de hombres y sobre todo una señora que se siente dueña del penacho, y apenas se estaba tratando el tema y ya estaban diciendo que no, y muy penosamente con un gesto de amabilidad, el presidente leyendo la carta que le envié (…) y terminó de leer la carta (…) y él volteó a ver a la supuesta dueña del Penacho y le hicieron así, —moviendo la cabeza de forma negativa—.

«Es una actitud muy arrogante, prepotente, pues no hay justificación de que (el Penacho de Moctezuma) no pudiera trasladarse (a México)».

Uno de los párrafos más destacable de la carta enviada al presidente de Austria es el siguiente:

«Es sabido que ni el propio Maximiliano de Habsburgo logró que el penacho de Moctezuma retornara a

México. Sin embargo, los que luchamos por la transformación de nuestros países nunca dejamos de soñar, somos idealistas y utópicos».

Las características del llamado «Penacho de Moctezuma» o «Quetzalapanecayotl», posee 1544 incrustaciones de piezas de oro y piedras preciosas, contiene plumas de ave de quetzal y de más de 200 tipos de aves diversas. Una obra de ingeniería mística y auténtico arte náhuatl, diseñado para ser manipulado, flexionado, hasta adaptarlo a la cabeza del *Tlatoani*. El tocado de plumas se encuentra en el «Gabinete de las Maravillas» de Viena Austria.

En dicho lugar no solo se encuentra el tocado de plumas, sino también varios escudos o *chimalis*, entre ellos, uno que llama poderosamente la atención. Nos referimos a un *chimali*, donde se representa el perfil de un coyote en movimiento con el ojo dorado, arropado con plumaje azul e incrustaciones de oro. De sus fauces emerge una «serpiente de agua-fuego» o *atlachinoli*, el símbolo de la transmutación o guerra. Es la proyección de la voluntad del divino guerrero azul Huitzilopochtli en un *nagual* en plena transformación. En el simbolismo tolteca, el azul es el color de la voluntad creadora.

De acuerdo a nuestras fuentes fidedignas, surgidas de las Escuelas del Conocimiento Tolteca, el «Quetzalapanecayotl» no era un ornamento para satisfacer el falso ego emanado de la jerarquía de poder, su función iba más allá.

La versión sobre el «Quetzalapanecayotl», la recibimos oralmente de primera mano por un consejo de 7 sabios naguales, herederos de la tradición *Mam*, dinastía de los mayas nahuas. Aunque parezca una ficción histórica, quedaríamos perplejos y asombrados si acaso se revelaran todos los conocimientos secretos existentes en la línea discipular de la más refinada y acendrada sabiduría Tolteca.

Es tan magnificente la finalidad del diseño del «Quetzalapanecayotl», y el uso conferido dado por el gran *Tlatoani*, que solo me limitaré a describirlo como un artefacto coadyuvante para abrir la percepción a otras realidades místicas y superiores. Sus plumas de quetzal junto con su pico de oro en el centro (robado o extraviado en el castillo de Ambras, Austria) y sus incrustaciones correspondientes, eran una extensión de las terminales nerviosas de los folículos capilares del *Tlatoani*, esa es una de las razones por las que Moctezuma Xocoyotzin tenía el cabello ligeramente largo. Cuando el gran *Tlatoani* Moctezuma lo traía puesto, semejaba un quetzal volando con movimientos estilizados, despegando hacia otro plano u otra dimensión. La combinación, tanto del brillo natural de las plumas, como del brillo dorado de sus incrustaciones, producían una extraña fascinación, de algo *alucinante* que no pertenece a este mundo. Los detalles de la trascendente función del «Quetzalapanecayotl», se revelan en la obra: «Moctezuma: El sumo pontífice del mundo» del mismo autor.

Sobre este rubro particular, los europeos imbuidos en el mundo de la superstición, se encargaron de destruir todos los instrumentos utilizados, como los *cozcatl* o collares, los *tezcatl* o espejos, entre otros, para la experimentación de otras realidades como si fueran objetos demoniacos, y vaya que hubo bastantes artefactos de ingeniería para trascender a otras realidades.

El «Quetzalapanecayotl», fue robado y disputado por esta razón, le atribuyeron propiedades y poderes mágicos, fue llevado a Europa, aunque a ellos no les funcionó, quizás porque un objeto de esta naturaleza requiere de un determinado nivel de evolución humana, de un temple interior, desarrollado con disciplinas específicas, obviamente ignoradas por ellos. Inclusive, el artefacto se mantuvo en secreto y se difundió su existencia hasta el año de 1878.

Debido a estos argumentos conocidos por los círculos herméticos del nagualismo, suponemos que el «Quetzalapanecayotl», jamás será entregado por voluntad de los gobiernos europeos, los pretextos para ello sobran, es una reliquia sagrada, un objeto especial y único que ha sido estudiado durante 500 años sin resolver aún, cómo funcionan o se activan sus cualidades mágicas.

Para finalizar el presente capítulo, deseamos con honestidad que nuestros gobernantes futuros sigan el ejemplo de grandes personalidades como Moctezuma Xocoyotzin, una figura humana auspiciada por un núcleo de sabios naguales, cuya sabiduría integraba las asignaturas religión, filosofía, ciencia y arte. Esta estructura de gobierno garantizaba la evolución colectiva de la sociedad gobernada. El *Tlatoani* era en realidad un portavoz del Conocimiento Sagrado ante su pueblo, era el «Señor de la palabra», el modelo de ser humano al que el pueblo debía aspirar.

EL «NIGROMANTE»

**«La religión es para las personas que tienen miedo de ir al infierno. La espiritualidad es para aquellos que ya han estado allí».
Vine Deloria, Sioux**

Es de todos conocida la admiración y el reconocimiento del presidente Andrés Manuel López Obrador al guanajuatense Ignacio Ramírez el «Nigromante», por su empecinada e inteligente lucha por las causas populares. Entre las que destaca, sobre todo, el logro de la reforma en el ámbito educativo, es decir, educación laica, gratuita, y la promoción del libro de texto gratuito. Estableció un freno a la influencia del clero al establecer en la Constitución la separación oficial de la Iglesia y el Estado.

El «Nigromante» fue un personaje culto, un visionario de ideales avanzados para su época. La descripción de AMLO hacia este histórico personaje es la siguiente:

«El *Nigromante* era un liberal puro y además anticlerical. Una cosa es ser anticlerical y otra es ser antirreligioso. Y hay que ser respetuoso de las creencias del pueblo». Esta frase descriptiva sobre el «Nigromante» encierra un mensaje velado, ¿qué quiso decir AMLO cuando dice que, «ser anticlerical, no significa ser antirreligioso»?

Lo más importante de este interesante idealista y profundo personaje liberal, quien colaboró lo mismo con Benito Juárez, que con Porfirio Diaz en sus inicios. Es, sin dudar, su defensa de las causas de los pueblos originarios. Él mismo era un descendiente de un *sabio nagual* llamado Ahuelitoc Cuitlateca Ixcapa, y heredero de la tradición oral o transmisión del Conocimiento Tolteca, que migró de generación en generación, en donde se auguraba la reivindicación de las causas ancestrales a través del revanchismo a Europa, y en especial a España.

Aún en épocas recientes, se sabía de la costumbre en algunos pueblos del sureste de México de llevar a los niños con el *nagual* en turno para hacer una promesa de superarse dentro del marco de los antiguos valores místicos, desarrollando la vocación de servir a sus raíces y de esa guisa, tanto preservar, como reivindicar la cosmovisión que le dio grandeza al noble pueblo mexicano.

Recientemente se publicó una de las consignas atribuidas al poderoso *nagual* Ahuelitoc. Las palabras de un *nagual*, siempre serán sonidos eternos, sonidos de poder, para bien o para mal. El *nagual*, es un puente entre el mundo del misterio o nahuali, y la rueda del destino o tonali. En síntesis, el *nagual* es un sabio depositario de los secretos del universo cósmico, un hombre con suficiente «poder personal» para modificar su realidad y trascender su condición humana ayudando a otros a lograr lo mismo.

Resulta que el Abogado Emilio Arellano, descendiente de Ignacio Ramírez el «Nigromante», editó su obra «La Nueva República». El libro fue impreso por la Editorial Planeta, sin embargo, no se salvó de una tentativa de prohibición por las fuertes palabras proféticas del nagual Ahuelitoc Cuitlateca Ixcapa, he aquí algunos fragmentos dirigidos al representante del episodio histórico de la «Invasión», Hernán Cortés:

«(…) Disfruta fiera rabiosa de tus crueldades inauditas. Así como había una profecía de tu llegada, hay también una profecía de tu caída entre nuestro pueblo, será al terminar esta era.

«Venus anunciará tu final y todos los indígenas que masacraste nos vengarán. Nunca disfrutarás de tus conquistas o de lo que nos robaste y tú jamás encontrarás reposo en estas tierras. Cuando tú señor Cortés, vivo o muerto salgas de estas tierras para siempre, entonces nuestros dioses antiguos nos devolverán nuestra gloria y esplendor.

«Nos vengaremos de tus ofensas con tus descendientes y cuando tus restos malditos salgan de nuestros dominios entonces Tenochtitlán resurgirá de sus ruinas. Será la nación más poderosa y el mundo temblará con tanta grandeza, nuestros hijos dominarán ciencias y sabidurías desconocidas y el gobernante que te expulse de nuestro reino llegará a ser el monarca más querido de esa nueva era de esplendor. Cuando salgas vivo o muerto para siempre de nuestras tierras tú y tu raza salada pagarán todo el daño que nos causaron.

«Los espíritus de nuestro pueblo masacrado solo encontrarán reposo eterno cuando tú salgas de mi patria y antes del fin de esta era: Tochtli Acatl, Tecpatl-Etzalqualiztli.

«Tu no volverás a ver jamás el imperio que destruiste

y ni en tu patria salada encontrarás reposo, cuando salgas de nuestro reino para siempre, antes del fin de nuestra era, lo anunciarán tres días de lluvias de estrellas. Tus restos desaparecerán en llamas, como con el sur del imperio en donde nos encontramos y en donde murió nuestro señor Cuauhtémoc, nacerá y llegará el primer gobernante de la nueva era y la gran tortuga de su tierra natal lo profetizará: Ipiltzin-ayutl-tepetl».

Algunos aseguran que AMLO reúne las condiciones que ratifica el cumplimiento de la profecía. Entre las razones más obvias se encuentran, porque es oriundo de la zona de Tabasco, por su liderazgo innato y porque nos encontramos en la transición temporal de un nuevo ciclo.

Sin embargo, los naguales también nos han dejado claro, de acuerdo a las leyes universales: «México y el continente de América transitan hacia una era de gran "Retribución", efecto de los desafortunados acontecimientos acaecidos hace 500 años» es decir, el péndulo viene de regreso. AMLO también es un nigromante, es una observación importante y necesaria para comprender algunos sucesos en apariencia ridículos y casuales.

Veamos un ejemplo, en el congreso local de la CDMX el diputado Jorge Gaviño en tribuna, hace crítica de AMLO por su mote de mesías tropical, endilgado por el ideólogo Enrique Krauze, y dice:

«El problema no es lo tropical, el problema es lo mesías. Lo tropical está muy bien, el problema es el mesías» —apenas termina la frase y se escucha un estruendoso relámpago haciendo eco en el recinto con expresiones de asombro por parte del auditorio—. Acto seguido, responde el diputado: «Para que vean. El mesías».

Se suponía una expresión para debatir la atribución de mesías tropical a AMLO, en cambio, no solo se desistió de debatirla sino terminó por reafirmarla ante el hecho.

No pretendemos imbuir nuestro trabajo en sensaciones de abyecta superstición, sin embargo, creemos importante enriquecer el punto de vista con acontecimientos significativos afines a la temática. Para nadie es un secreto la proclividad de la casta política por recurrir a los llamados filtros, amuletos y demás servicios ofrecidos por los brujos, santeros, adivinadores y el mercado de la hechicería en general.

Es muy común ver la dependencia de los políticos y su recurrencia a ofrecer alguna promesa o sacrificio a cambio de la materialización del deseo de obtener un cargo público acaudalado. Desde los rituales más aberrantes, hasta los espectáculos más bizarros son parte de aquella clase de políticos ambiciosos, sin ideales y claramente inseguros de sus posturas por las que anhelan la protección de fuerzas del más allá.

En el caso de estos políticos, los intermediarios del mundo mágico se tornan en viles servidores, a cambio de unos cuantos pesos. El interés común de ambos, tanto el político, como el hechicero es lo material. El caso de AMLO es distinto, porque ni a él, ni a los *chamanes* que lo auspician les importa el dinero. Esta condición los torna *indestructibles*, porque les importa por encima de todo, la impronta histórica, el destino de los ideales y la lucha por la reivindicación de los valores de la cosmovisión de los pueblos originarios.

El papel desempeñado por AMLO en la historia ha dejado enormes enseñanzas y dejará sembrada la semilla de una nueva perspectiva. Él mismo ha definido la influencia de su lugar de nacimiento en carácter y en su forma de hacer política:

«En Tabasco, la naturaleza tiene un papel relevante en el ejercicio del poder público. En consonancia con nuestro medio, los tabasqueños no sabemos simular. Aquí todo aflora y se sale de cauce. En esta porción del territorio nacional, la más tropical de México, los ríos se desbordan, el cielo es proclive a la tempestad, los verdes se amotinan y el calor de la primavera o la ardiente canícula encienden las pasiones y brota con facilidad la ruda franqueza».

Bajo este tenor la luchadora social y mujer política que lo acompaña desde hace tiempo, Layda Sansores, afirmó en uno de sus discursos públicos:

«Porque dirigiste al Sur tu mirada visionaria, por tu austeridad monástica, porque dejaste los "Pinos", porque nos conmueve la sencillez con que vives, porque nos mueve tu corazón guerrero que nunca deja de luchar, porque creaste escuela y dejas legado.

«Porque dices que te atacan, pero en 200 años de historia política nadie había tenido el aval de tanto pueblo, porque solo cada 100 años nace un líder como tú, Andrés Manuel».

Otro punto de vista que llama la atención y vale la pena ejemplificar para dimensionar el impacto de AMLO en la visión de las nuevas generaciones es la del influencer argentino Mauricio Benoist:

«Me queda claro que el Sr. Andrés Manuel López Obrador, aunque no es de mi preferencia política, tiene los pantalones muy bien puestos, tiene claridad de lo que quiere y estoy seguro que ya está logrando lo que vino a buscar desde la campaña: "Hacer Historia". (…) tiene muy claras las metas, tan claras, que es capaz de enfrentarse al mundo a recibir críticas para llevar su ideología. Es que, este señor se atreve a pensar de una manera diferente, a salirse del mercado, a salirse de lo tradicional y de lo convencional, y crea cosas diferentes. Me queda claro que lo que está haciendo es una idea totalmente revolucionaria que hará que lo recuerden de por vida. Se haga o no se haga este proyecto lo recordarán de por vida (…)».

Esta reflexión, la ha proyectado AMLO en un sinnúmero de ocasiones. Ha resaltado su carácter y a comunicado de manera frontal y sin ambages, su opinión ante los ataques, ya sean nacionales e internacionales, a su investidura presidencial.

Una de las más sonadas fue cuando envió su respuesta de rechazo a la petición del parlamento europeo con respecto a la supuesta censura de la prensa. Lo hizo de una forma tal, que muchos calificaron la expresión como desafortunada y de no respetar el formato de la diplomacia en política exterior.

En cambio, la mayoría opinó diferente y respaldó los dichos de AMLO ante la política «injerencista y conservadora» de los que se creen el «Gobierno Mundial», según lo afirmó el presidente mexicano.

MEXICANIZACIÓN DEL MUNDO

«Mirando hacia atrás me lleno de gratitud, mirando hacia el futuro me lleno de visión, mirando hacia arriba me lleno de fuerza, mirando hacia dentro, descubro la paz».
Nación Apache

México forma parte del Top de los 10 países del mundo con más concentración de riqueza, de acuerdo a la revista Forbes. Es quizás la economía más rica de Latinoamérica concentrando una riqueza de 3 billones de dólares según las métricas en propiedades territoriales, intelectuales y patentes, y también de infraestructura, por encima, inclusive, de Brasil.

Aunque las cifras pueden oscilar a través de los años, se mantiene una proporción media. La llegada de Andrés Manuel López Obrador al gobierno de México, abrió la válvula para la ventilación de todas las inquietudes del espíritu mexicano, atrapado durante 5 Siglos por la ignominia histórica, construida por la visión de los vencedores, acontecida desde el choque con los europeos.

Todo ese enorme potencial en forma de semilla solo espera florecer con el riego adecuado, y al parecer AMLO es el inicio de un grandioso futuro para la cultura mexicana. El tema sobre la compleja psicología del mexicano ha sido analizado por intelectuales prominentes como Samuel Ramos y Octavio Paz. La aparente y contradictoria personalidad del pueblo mexicano, su rebeldía con los gobiernos opresores y al mismo tiempo su deferencia a la autoridad, su solidaridad con las víctimas de la tragedia, su hospitalidad sin parangón con los extranjeros, y a su vez, su valiente oposición a ser sometido.

El síndrome del cangrejo, sus bloqueos psicológicos y autosabotajes han sido originados por la paradoja de sus raíces de grandeza histórica y al mismo tiempo, por el rechazo silencioso de aquellas hipótesis de la historia, que sin pruebas determinantes han impuesto como versiones oficialistas de la historia de México, al afirmar que los antiguos mexicanos sacrificaban humanos.

A pesar de las investigaciones serias, que han desmentido estas versiones perniciosas de la historia, como las de la arqueóloga Eulalia Guzmán Barrón, han sido desestimadas. La teoría de los *sacrificios humanos*, fue elaborada sin ninguna constancia de ello por los comentaristas europeos, con el tácito propósito de justificar la violencia y el expolio de un pueblo noble como el del Anáhuac.

Por otra parte, en múltiples ocasiones el prestigiado experto geopolítico Dr. Alfredo Jalife Rameh ha revelado el crecimiento exponencial y demográfico de la población mexicana emigrante de E.U., y ha enfatizado la importancia de lo que él denomina la «fuerza biológica Azteca», asimismo ha hecho una descripción interesante y profética respecto al renacimiento de la antigua cultura mexicana:

«…que los mexicanos se preparen, porque serán la minoría que definirá las elecciones en E.U. en los próximos 10 a 20 años…estamos mexicanizando Estados Unidos…la cultura mexicana es muy fuerte, siempre las grandes culturas vencen a las culturas inferiores, el gran ejemplo es Roma y Grecia. Roma militarmente vence a Grecia, pero Grecia es quien acaba venciendo culturalmente a Roma. La Cultura Mexicana es exageradamente fuerte. ¿Por qué? Nosotros somos una potencia civilizatoria en todo el continente, nadie se compara a nosotros». Remata diciendo:

«La primera potencia cultural, civilizatoria de este continente (América), incluido Canadá y Estados Unidos…se llama México».

Ahora bien, veamos algunos ejemplos hablando de las características de México para percibir su potencial de influencia mundial. El empresario y visionario Mac Kroupensky manifestó en conferencia: «Porqué México Sí», en un congreso internacional de calidad, he aquí algunos fragmentos:

«Porqué México Sí. Yo diría porqué México no…los migrantes mexicanos son la primera minoría de Estados Unidos, para mediados de este siglo serán la mayoría en los territorios que México perdió en las guerras de 1830 y 1840 si lo queremos ver en forma jocosa, habremos recuperado México.

«…ustedes saben que las economías modernas son economías que son buenas en turismo, y México sin duda es el décimo país que más turistas atrae…

«…México es un país de jóvenes…en diez años (los Estados Unidos) nos van estar rogando, porque ellos están envejeciendo y nosotros somos jóvenes…yo los convoco, que nos pongamos a favor de México…déjenme darles nada más unas cifras, México se encuentra en el corazón logístico marítimo del mundo. Equidistante entre China y de Europa, y la puerta de entrada al mercado más grande, que son los Estados Unidos…Cambiemos nuestras conversaciones, hablemos de porque México Sí…»

Y agrega con datos duros y actualizados:

«Dicen los expertos que en el 2050 México será la Séptima economía más importante del mundo. «Los México Americanos…son la primera minoría de Estados Unidos, el 67%…equivale a un poder adquisitivo de 2,3 billones de dólares.

«Son una fuerza productiva formidable. «Aman a sus orígenes y su cultura, y apoyan a sus familiares con el 2.5% de sus ingresos.

«El PIB de los México Americanos es mayor a la economía total de México».

Para concluir haremos referencia del jordano Taleb D. Rifai, quien fungió como Secretario General de la Organización Mundial del Turismo hasta el año 2017:

«México no es un país. Es mundo propio. Un mundo completo. La diversidad, su riqueza. No solo la diversidad de sus paisajes o la riqueza de sus paisajes, pero también de la gente. La variedad, las distintas tradiciones, las culturas diferentes, las cocinas diferentes, la belleza, es un mundo en sí. Y lo dice alguien que ha viajado por el mundo entero. Sé de lo que hablo. México es el futuro, sin duda…»

MADRE TIERRA

**«El cielo despejado y la verde y fértil tierra son buenos, pero la paz entre los hombres es mejor».
Proverbio Omaha**

Para López Obrador la felicidad es: «Estar bien con uno mismo. Con nuestra consciencia». Ha dicho que no le importan las riquezas, ni la fama, ni los títulos nobiliarios y académicos. Es difícil aceptar la disociación del «poder» con la riqueza, la fama y el reconocimiento oficial, aunque AMLO ha luchado por representar sus ideales desde el sentido propio del «Ser», es decir desde su identidad espiritual.

En innumerables eventos realizados en sus giras por toda la república, Andrés Manuel López Obrador ha difundido en sus redes los diversos actos litúrgicos a la usanza de la cosmovisión de los pueblos originarios, ya sea para inaugurar la construcción de su proyecto denominado «Tren Maya» o para su proyecto «Sembrando Vida».

Pueden parecer actos con mero sentido político para posicionar sus proyectos propagandísticos y sin algún significado relevante. Sin embargo, AMLO es muy consciente de su conexión con la Madre Tierra, pues constantemente manifiesta su predilección por el medio ambiente y el cuidado de la naturaleza, se le observa sembrando y abrazando los árboles, y también rindiendo loas a su belleza. Alguna vez mencionó la extraordinaria valoración de los árboles dentro del contexto filosófico de la Cosmovisión Maya, pues dentro del pensamiento anahuaca se considera que los árboles se enraízan én la Tierra y crecen de pie para sostener el cielo, y hay un exquisito proverbio de la nación apache ilustrando esta afirmación:

«Los árboles son las columnas del mundo, cuando se hayan cortado los últimos árboles, el cielo caerá sobre nosotros». En diversos actos públicos, se le escucha decir: «la lluvia es una bendición». Asimismo, se sabe que AMLO ha tenido encuentros con los llamados «graniceros» o mejor dicho los hombres «Tocados por el Rayo». Se le mira en la playa ayudando a tortugas bebé antes de ingresar al océano por primera vez, o hablando favorablemente de diversos paisajes de la república mexicana según sea su paraje en turno cuando sale de gira. Se ha videograbado en los jardines de palacio nacional explicando su placer por la siembra de ciertos árboles que piensa dejar en crecimiento cuando abandone el poder.

Ni que decir de su negativa para continuar con el proyecto del aeropuerto proyectado previamente por el anterior gobierno en el lago de Texcoco, que sometió a consulta popular para consumar su cancelación. Dicho sea de paso, era un agravio al medio ambiente, pues el lago de Texcoco forma parte de uno de los vasos reguladores que desde la época de los aztecas conformaba la parte del lago de agua salada, junto con la parte del lago de agua dulce de Chalco. En conjunto conformaban la base lacustre en donde se edificó la delirante y bella ciudad de Tenochtitlán.

También decretó la prohibición del uso de la técnica del «Fracking», para la extracción de «gas shale», por ser una técnica nociva para las capas freáticas de la tierra por los numerosos químicos contaminantes. La extracción de petróleo o la exploración de nuevos yacimientos, son actividades que parece haber dosificado con prudencia, pues ha comentado estar preocupado por el futuro de las nuevas generaciones, debido a que el petróleo es un elemento no renovable.

Se ha inclinado por la generación de energía limpia para el abastecimiento de electricidad a la usanza tradicional, mediante el mantenimiento y optimización de hidroeléctricas existentes, y la creación de nuevas presas para la misma finalidad. Paralelamente ha trabajado para el rescate de las paraestatales: CFE y PEMEX. De esa manera garantizar la soberanía energética de México.

Los proyectos de Estado más simbólicos de AMLO y de la Cuarta Transformación, o proyectos de infraestructura, descansan sobre 6 grandes obras, que pretenden cohesionar a México fortaleciendo la economía y dando prioridad a los estados del sur de la república, con el fin de equilibrar su crecimiento con los estados del norte.

La unificación se va a reflejar tanto en el sentido humano como socio cultural. Cabe aclarar que los colaboradores de AMLO han dado muestras de no comprender la concepción visionaria de nación y sobre todo la visión de un estadista. Inclusive, el mismo presidente declaró en una reunión privada con los moneros o caricaturistas: el Fisgón, Rapé, Hernández y Helguera, sentirse solo e incomprendido.

Es importante destacar la enorme relevancia que tienen estas obras, como los principales ejes de desarrollo y conservación de la vida, tanto humana como orgánica. En este sentido, AMLO ha delineado con claridad su objetivo estratégico de convertir a México en una nación con autosuficiencia alimentaria y energética. Bajo su propia definición ha mencionado:

«Hay quienes piensan en las futuras generaciones y hay quienes piensan en las futuras elecciones. Esa es la diferencia entre un político común y un estadista».

La autosuficiencia es un proyecto de Estado de suma trascendencia, pues como se ha visto con el conflicto de Rusia y Ucrania, ha dado lugar a escenarios catastróficos como la crisis alimentaria y energética a nivel global. Aun, a pesar de que parezca engorroso repetirlo, las circunstancias le han dado la razón a AMLO.

El prominente y popular líder religioso de la India, llamado Sadhguru, reconoció al gobierno de AMLO por haber sustituido los 16 millones de toneladas de maíz transgénico por variedades autóctonas y la prohibición de herbicidas tóxicos como el glifosato. Por supuesto, AMLO es conocedor de la herencia cultural de los mayas y de los manuscritos delineados en el Popol Vuh, los cuales afirman la necesidad ineluctable de consumir maíz, *porque de eso está hecha la carne del ser humano*: de «maíz».

El maíz tiene enorme trascendencia histórica y alimenticia. No por nada se ha especulado bastante sobre la ingeniería genética para crear el maíz, y la necesidad de ser cultivado y cosechado por la mano del hombre para evitar su extinción. Es un alimento tan versátil que puede cultivarse en todos los continentes, menos en la Antártida por las extremas condiciones del clima. A fin de no cejar esfuerzos en la indagación y comprensión de la inspiración del pensamiento mágico de los pueblos originarios, presentamos un conjuro para la siembra del maíz, utilizado por los sabios campesinos del antiguo México, aunque registrado por el soldado español Hernando Ruíz de Alarcón en la posteridad de los años de la invasión a Anáhuac:

«Yo en persona, el sacerdote o espiritado, o encantador: atiende, hermana semilla, que eres sustento; atiende, princesa tierra, que ya encomiendo en tus manos a mi hermana la que nos da, o la que es nuestro mantenimiento; no incurras caso afrentoso cayendo en falta, no hagas como hacen los mohinos enojados y rezongones; advierte que lo que te mando no es para que se execute con dilación, que es ver otra vez a mi hermana (al maíz que va enterrando), nuestro sustento, luego muy presto ha de salir sobre tierra; quiero ver con gusto y detalle la enhorabuena de su nacimiento a mi hermana nuestro sustento».

A continuación, presentamos los megaproyectos más simbólicos del gobierno de AMLO para sustentar su convicción ideológica y su filosofía política:

1.- Sembrando Vida. Es un proyecto para la generación de empleo y paralelamente ir creando una conexión del hombre con la tierra. Los resultados de esta iniciativa política de la «Cuarta Transformación», tiene efectos a corto, mediano y largo plazo: su propósito es frenar la migración, y lo más importante regenerar la tierra para palear gradualmente los nocivos efectos del cambio climático. En los términos de un contexto holístico y ecológico, es el desarrollo de un proyecto sustentable. Además de reactivar la vitalidad de la Madre Tierra, el programa evitará la erosión del suelo y el retorno del ser humano a reconocerse como un hijo de la Madre Tierra.

El programa ha beneficiado, hasta la mitad del mandato de AMLO, a más de 400 mil afiliados, y se han sembrado más de 1 millón de árboles frutales y maderables. La meta es sembrar 1000 millones de árboles.

AMLO ha utilizado esta iniciativa como una carta de presentación en diversos foros de organismos mundiales y parte de su propuesta en política internacional ante problemas crecientes como la falta de empleo, y una solución efectiva para contener el fenómeno migratorio de los países centroamericanos y al mismo tiempo favorecer al medio ambiente.

La meta del gobierno es abarcar con este programa un millón 127 mil hectáreas. Mediante esta iniciativa, AMLO le ha solicitado ayuda económica al gobierno de los Estados Unidos para financiar el programa de «Sembrando Vida» y exportarlo a los países más vulnerables de Centroamérica y así mitigar la ola migratoria.

2.- Tren Maya. Un proyecto de unificación territorial a través de un recorrido ferroviario de 1,500 Km de la zona del sureste de México: Chiapas, Tabasco, Campeche, Yucatán y Quintana Roo. Sobresale la temática de la zona arqueológica alusiva a la grandeza de la *cultura maya*. Por supuesto, la zona está caracterizada por la profusa cantidad de bellos paisajes, abundante cultura y exuberante naturaleza.

Han descubierto durante la excavación y exploración de la ruta al menos 16,000 montículos, edificaciones, sitios arqueológicos y multitud de piezas de gran valor histórico. Evidentemente, estos descubrimientos darán motivo para la creación de nuevos museos y centros culturales. Mediante un cambio de cosmovisión del mundo académico, estos hallazgos proporcionarían respuestas concretas para solucionar el conflicto del perfil psicológico del mexicano, y en gran medida, esto ayudaría a desbloquear la energía que impide el renacimiento de un nuevo México.

Lo más sobresaliente, es la singular visión de AMLO, no sólo por su interés en rescatar la paupérrima economía de estados como Guerrero, Oaxaca, Chiapas y Campeche, sino por el eje ideológico que lo motiva: la profunda vinculación con las raíces originales y ancestrales del México Antiguo.

3.- Proyecto transístmico. Un proyecto de importantes repercusiones geopolíticas y económicas a nivel internacional, pues provocaría que la lupa de las potencias internacionales opte por enfocar sus intereses comerciales de exportación, entre el canal de Panamá y el transístmico mexicano. Posicionaría esa zona regional de México a un desarrollo económico e industrial de alcances mundiales.

Desde luego, la migración de mexicanos y centroamericanos, atenuaría su problemática en gran medida. Aunque en realidad, el proyecto no es nuevo, las condiciones para su realización requerían de un liderazgo, determinación y voluntad política. Este proyecto también es conocido, como corredor «Interoceánico del Istmo de Tehuantepec».

El Istmo de Tehuantepec esté ubicado en la parte más estrecha de la República Mexicana y se conforma de los estados de Oaxaca, Chiapas, Veracruz y Tabasco. Intercomunica por vía ferroviaria al Océano Pacífico y al Océano Atlántico. Su longitud es de aproximadamente 310 km y se instalará una franja industrial con la construcción de numerosos parques industriales de manufactura.

De nueva cuenta, AMLO está enterado de que en esa zona estrecha de la república mexicana se edificó la antigua capital del Imperio Atlante, Tula o Tolán, conectando mediante canales concéntricos a los dos océanos. Sin embargo, aún no ha sido aceptada esta versión en la historia oficial de México. Existen innumerables leyendas, tradiciones, sitios arqueológicos y transmisión de relatos de las cofradías vigentes en la zona, y AMLO ha sido receptor de la expresión de tradiciones orales y de algunas consignas y sustanciales enseñanzas secretas.

4.- Pavimentación de caminos rurales. Esta es quizás la iniciativa de la «Cuarta Transformación», con la muestra más auténtica del modelo político económico del México antiguo. El trabajo armónico y comunitario para edificar un bien común, es decir, la práctica del «Tequíyotl» o la dinámica de los servicios públicos desde la usanza de los pueblos del México antiguo. Los testimonios de esta iniciativa aplicada principalmente en Oaxaca, ha demostrado la asertividad de AMLO, al declarar la honradez de los pueblos originarios como una noble costumbre heredada de la antigua cosmovisión náhuatl. Los hechos le han dado la razón.

Se pueden contemplar videograbaciones, tanto oficiales como no oficiales, de un grupo mixto de personas laborando con alegría y mostrando los resultados de su faena con cierto halo de orgullo. Las carreteras lucen artesanales, hermosas y bien elaboradas. Nos gustaría extendernos un poco más respecto a esta temática cuando hablemos del sistema económico y tributario del «Tequíyotl».

5.- Refinería Olmeca. Una vez más el tiempo le ha vuelto a dar la razón a AMLO, pues los oponentes a su proyecto de nación con respecto a los energéticos, vaticinaban el fin de la era de los hidrocarburos, y el inicio masivo de la entrada a la era de energías limpias o alternativas como las baterías eléctricas. Si bien es cierto, este panorama se avecina, también es cierto que depende de una gama multifactorial y por lo tanto tardará varios años. Muestra de ello es la crisis energética mundial, desatada por el conflicto bélico entre Rusia y Ucrania, para cerciorarnos de la importancia del planteamiento de AMLO desde que llegó al poder, es decir la «Autosuficiencia energética» como un Baluarte de la seguridad nacional.

La construcción de la refinería «Olmeca» en Dos Bocas, Tabasco, tiene la finalidad de producir las gasolinas que México necesita, y abastecer su autoconsumo con 340,000 barriles al día. De esa manera, depender menos de las importaciones de Estados Unidos principalmente.

6.- Aeropuerto Internacional de México «Felipe Ángeles». Esta obra con altos estándares de calidad y tecnología avanzada, se encuentra colmada de motivos históricos con raíces de simbolismos aztecas. Desde la torre de control, conformada por multitud de luces led y modelada bajo el enfoque de la significativa arma de los guerreros águila, el «Maquihuitl», artefacto con láminas afiladas, desarrolladas con tecnología metalúrgica, aunque la versión ignominiosa dice, sin temor al ridículo, que es una ¡macana con piedras de obsidiana amarradas con un cordón! También tiene como base las oficinas diseñadas para semejar un «Chimali» o escudo. Hasta los diseños de arquitectura interior y decorativa, muestran con orgullo imágenes artísticas del México antiguo.

Durante su edificación se descubrieron osamentas

gigantes de mamut, lo que motivo al Instituto Nacional de Antropología e Historia a construir un museo, como parte de los atractivos culturales del aeropuerto. Por si fuera poco, el museo fue nombrado «Quinametzin», en honor a la primera humanidad de la antropogénesis Tolteca, la raza primigenia de gigantes que poblaron la Madre Tierra por primera vez, de acuerdo a la cosmovisión maya y náhuatl.

Y lo más importante es que esta obra, desplazó el intento fallido del proyecto del anterior aeropuerto por parte de un grupo de intereses económicos en detrimento del lago de Texcoco. La decisión más objetiva y lógica era salvaguardar lo que queda del lago para preservar la vida. El lago de Texcoco proporciona cobijo a 276 especies de aves que emigran del Norte de E.U. y Canadá, también es el hábitat de 29 especies de mamíferos, 5 especies de peces, 5 de anfibios, y 17 especies de reptiles. Asimismo, en el Lago de Texcoco convergen 9 ríos.

De haberse llevado a término la construcción del proyecto del aeropuerto en el Lago de Texcoco, a largo plazo, los problemas serían mucho mayores que los beneficios. El gobierno de AMLO declaró que más de 14,000 hectáreas serán decretadas como área natural protegida. Esa, por supuesto, es una excelente noticia. La terminología de los proyectos de AMLO no es cosa menor: *macuihuitl, chimali, maya, quinametzin, y olmeca,* es de enorme relevancia. Pues por lo general, la clase política se identifica más con las causas históricas a partir del episodio de la *Independencia de 1810,* sin ir más atrás en el tiempo, es decir, a nuestras auténticas raíces culturales, porque en ese periodo histórico es donde se encuentra nuestra verdadera identidad y por lo tanto el manantial de nuestra verdadera libertad.

TEQUÍYOTL

**«Hasta ahora lo comprende mi corazón: Escucho un canto, contemplo una flor, ¡ojalá no se marchite!»
Nezahualcóyotl**

Para Andrés Manuel López Obrador, la «Cultura» es un concepto «que viene de lejos», y la educación, es un tema más inclinado a la técnica. Para él la cultura es fondo y la educación es forma. Según lo cual, una persona educada no es necesariamente culta. Es decir, de la cultura dimanan los verdaderos valores y no precisamente de la educación. Esta diferenciación la ha expresado AMLO para discriminar entre los políticos corruptos, pues los más significativos de ellos se han formado en la academia de universidades de gran prestigio y talla mundial. Por supuesto, tanto la cultura como la educación son necesarias para la evolución del ser humano, ya sean para el crecimiento y desarrollo social.

En ese sentido, la naturaleza del México profundo aún mantiene sus valores, el «Tequio» es uno de ellos y se desprende del vocablo náhuatl: «Tequíyotl», asociado a «Tributo o trabajo», es decir, asociación de beneficio mutuo.

El significado envuelve un concepto milenario, esencia de la convivencia social y éxito político, que caracterizó la grandeza de la organización social escenificada en los gobiernos de Anáhuac. El sistema del *Tequio* fue lo que llevó a la creación de un imperio próspero y poderoso, por parte de las civilizaciones de todo Anáhuac. Los ciudadanos pagaban con trabajo comunitario a cambio de las obligaciones del Estado para el bienestar social de sus ciudadanos. Este avanzado sistema de comunión social se encuentra vigente, y está protegido por la ley de «usos y costumbres», aunque con leves variantes por las condiciones y diferencias en las circunstancias regionales, en muchas comunidades del territorio mexicano y algunas partes de Centroamérica.

Tan sólo en el estado de Oaxaca, más de 440 pueblos se rigen por el «Tequíyotl». En algunas comunidades se conservan, inclusive, castigos severos a quienes se corrompen en el ejercicio de sus funciones. También se les premia con el reconocimiento y su ingreso al núcleo o consejo de sabios ancianos.

Para sustentar el concepto del «Tequíyotl» vamos a citar los sólidos argumentos del ilustre Dr. Ignacio Romero Vargas Iturbide, extraídos de su obra «Los Gobiernos Socialistas de Anáhuac»:

«Todo hombre, por razón de su existencia, estaba sujeto a la presentación de servicios públicos en la comunidad, al menos que por enfermedad, fuerza mayor, por razón de su oficio o la realización de otras funciones de mayor importancia para la sociedad, estuviese exento del mismo.

«En la prestación de esos servicios ordinarios, la sociedad actuaba por comisiones de vecinos en la que todos, bajo el mando de jefes designados en la asamblea o por la autoridad, operaban por riguroso turno rotativo, cuyo número variaba en relación con la obra o servicio que debía ejecutarse.

«Estas cuadrillas se integraban, como siempre, de grupos de 5, 20, 40, 80, 400, 800, etc., personas o familias según el caso, dirigidas por dos: un tequitláhto, ejecutor, encargado del trabajo y tributo y un tlayacánqui, guía de cuadrilla; también había topiléhque, alguaciles, encargados del orden público.

«Es de señalar como servicios públicos que tenían organizados: el de limpia, arreglo de caminos, calzadas, calles y canales; el paynáni, el rápido, correo que traía noticias y llevaba órdenes a todas direcciones del país; los tequihuáhque, embajadores, etc.»

Esta síntesis del «Tequíyotl», desde la perspectiva Tolteca, nos dirige la mirada a dirimir los conflictos políticos que han sido efecto de la escisión de las clases sociales e ideológicas. Es, para dimensionarlo con la debida propiedad: una auténtica democracia, *el poder del pueblo*. La democracia es un modelo político atribuido a los griegos, aunque en realidad, la propuesta platónica hablaba de una democracia con referencia al imperio de la legendaria Atlántida.

Si hemos de darle el beneficio de la duda a los poseedores del Conocimiento Sagrado respecto a la afirmación de que, la Atlántida fue una cultura emanada de Anáhuac, entonces nos será muy claro comprender, que más allá de la filosofía política, el ideal democrático se vivía con óptimos resultados en la antigua cultura Azteca y de todo el mosaico de culturas que la precedieron.

La democracia era una expresión natural de los ciudadanos acostumbrados a la dinámica de una sociedad armónica. Pero AMLO vivió esta dinámica política con excelentes resultados con los *chontales* de Tabasco:

«Fue definitorio trabajar seis años en las comunidades indígenas. Un proceso de enseñanza-aprendizaje. Di algo, muy poco, más que nada di mi corazón, pero ellos me dieron y me enseñaron muchísimo. Sólo por mencionar algo: allí aprendí que las decisiones en las comunidades se toman en forma colectiva, algo parecido al proceso que ahora llaman "consenso".

«Las asambleas comunitarias comenzaban con una exposición que hacíamos con el asunto a tratar. Cuando terminábamos de explicar, ellos deliberaban; sólo se oía un murmullo en lengua chontal. Inmediatamente después se hacía un profundo silencio, hasta que alguien levantaba la mano para dar a conocer la decisión de todos. Para entonces ya se había logrado el consenso, había un acuerdo y eso era lo que, en voz de alguien, ellos consideraban que podía aceptarse o no. Allí comprendí que había que esperar y tener paciencia porque las decisiones no se toman como es usual fuera del mundo indígena. También aprendí mucho sobre la solidaridad verdadera, la ayuda mutua. Por ejemplo, la siembra o la construcción de una casa implica la participación de todos; como ellos dicen: se dan "la mano" cuando alguien lo necesita».

El «Tequíyotl», estimula la práctica de una Ley Cósmica, es decir, la Ley de Correspondencia: *dar, para poder recibir.* Quizás por ello, AMLO utiliza uno de los aforismos más recurrentes en sus discursos, al evocar el adagio de la obra teatral del filósofo cubano José Martí: *amor con amor se paga.* El «Tequiyotl» se cimenta en la colectividad, por encima del interés egoísta de la individualidad: «La cultura occidental se basa en la acumulación de riquezas. La preamericana, en cambio, se basa en el Esfuerzo Colectivo, CON

PREDOMINIO SOCIAL, ACTUANDO EL HOMBRE EN FUNCIÓN DE LA COLECTIVIDAD, SU ORGANIZACIÓN POLÍTICA MANIFIESTA PROFUNDOS CONOCIMIENTOS CÓSMICOS ACERCA DE LO QUE ES EL HOMBRE (partícipe de la comuna cósmica)». Nos afirma Ignacio Magaloni Duarte en su obra «Los Educadores del Mundo».

Advocación de *Coatlicue* (la Madre Tierra) donde se ilustra la *Ley de Correspondencia* del *Tequíyotl*. Dos manos hacia afuera para dar y dos manos hacia dentro para recibir.

Tan sólo evocando el adagio maya: **In Lak´ech, Yo Soy Tú y Tú eres Yo**, podemos comprender el nivel evolutivo alcanzado por la estética de vida con base en la Cosmovisión Tolteca de unidad universal. Semejante estado de consciencia puede ser alcanzado después de largo trabajo de introspección y conocimiento interior.

Si la sociedad se compone de individuos autorrealizados, es inevitable la manifestación de una íntegra convivencia social. Sería algo inaudito, porque se origina desde el *Ser Interior* de sus ciudadanos y termina por manifestarse en la construcción de una sociedad superior. Los modelos políticos modernos diseñados para proporcionar bienestar social buscan, por el contrario, empezar primero desde el exterior del ser humano.

El esquema representativo de esta lógica lo refleja la denominada pirámide de *Maslow*, que propone como meta final o el pináculo del progreso, a la propia autorrealización. No obstante, algunos académicos han aclarado que la pirámide de *Maslow* carece de rigor científico para servir de modelo sociológico.

Sin embargo, si bien es cierto, es necesario crear las condiciones apropiadas para el bienestar social, también es cierto que el conocimiento interior o espiritual puede ser desarrollado de manera paralela al progreso social, porque las dos vertientes son importantes e indispensables para el desarrollo y crecimiento, respectivamente. Cuando la educación proporcionada por el Estado permite vacíos al no proporcionar el conocimiento necesario para la satisfacción de todas las necesidades de sus ciudadanos, el desequilibrio siempre será la constante y el despropósito de una sociedad destinada al fracaso.

El modelo de gobierno de los antiguos pueblos del Anáhuac es imposible de emular si antes no se cambia la concepción de la vida, la cosmovisión o percepción del universo. De nada sirven la implementación de modelos políticos idealizados si se conservan las estructuras del pensamiento materialista y la inmadurez de la naturaleza interior que, bajo esta lógica, siempre sería proclive a la corrupción. AMLO repite constantemente que su labor social y su consecuente movimiento político se han enfocado en la «revolución de las consciencias», aunque este propósito es en realidad meramente discursivo, porque todo proceso de cambio profundo implica la implementación de una nueva cosmovisión, y de un lapso quizás, corto o largo de transición.

Todo dependerá de la «Escuela» que deje Andrés Manuel López Obrador cuando se le termine su plazo como presidente. En este tenor, el caudillismo no tiene futuro, pues el caudillo solo deja seguidores que le hacen sombra, pero son incapaces de darle continuidad a su proyecto de nación. Así sucedió con los principales adalides de la Revolución Mexicana, Francisco Villa y Emiliano Zapata, guerreros campesinos de la tierra, que llegaron a Palacio Nacional, y frente a la silla presidencial manifestaron su predilección por la silla de su caballo. Hombres guerreros, valientes, sin embargo, carecían de un proyecto de Estado, y eso abrió la coyuntura y dio pie al retorno de aquella clase política oportunista, camuflada en el gatopardismo para protagonizar nuevamente un largo periodo de expolio nacional a través de los partidos, etapa de la historia mexicana que AMLO llama neoporfirismo.

AMLO requiere discípulos, sucesores que sigan avanzando por la escalera que él está construyendo. Quizás por eso ha redactado su «Testamento Político», que amén de ser la acertada previsión de un líder responsable, también simboliza su preocupación por el futuro de algo mayor a su figura política: su proyecto de Estado y las consecuencias históricas. Además, esto refleja un entendimiento de su efímero papel en su paso por la Madre Tierra. Esta concepción filosófica no es fácil de comprender y de aceptar. Nada nos llevamos al otro mundo, solo perdura el temple guerrero y la sabiduría que logramos en nuestro efímero y transitorio viaje en la nave de la existencia.

Asimismo, AMLO ha manifestado su preocupación por mantener limpia su consciencia: «Todos los días me confieso con el tribunal de mi consciencia», ha confesado retirarse de la política una vez concluido su gobierno y jamás regresar, vivir a plenitud su etapa de «Renuncia». Otra enseñanza de los *sabios naguales*: preparar la última etapa de vida para generar las condiciones apropiadas y enfrentar nuestra propia muerte con la lucidez de nuestra consciencia.

El autoconocimiento es algo que muy pocos valoran. A pesar de ello, con el paso del tiempo y tal como ha pasado con los grandes genios de la historia, la sabiduría recupera su propia dimensión en la posteridad, en la póstuma genialidad de sus protagonistas. Bajo el contexto de los ideales toltecas, crear una obra es la única manera de perpetuar nuestro espíritu. Al dejar una impronta histórica se establece un camino, una Escuela para las generaciones venideras y la evolución humana.

CONCLUSIÓN

AMLO denominó a su movimiento político como la «Cuarta Transformación», sin embargo, consideramos que una verdadera transformación conlleva la instalación o construcción de un nuevo modelo cultural. Si somos rigurosos, no puede existir transformación sin la instalación de este último.

Desde hace 500 años ha prevalecido el mismo modelo cultural impuesto desde occidente, el modelo con base en el «Patrón Oro», a pesar de la fusión de algunos de los valores propios de la cultura Tolteca, las minorías gobernantes se han mantenido con el mismo sistema de pensamiento incólume a través del tiempo, muy por encima de las etapas históricas de la independencia, reforma y revolución. Etapas que gestaron las mismas minorías y solo instrumentalizaron las causas populares con leves influencias de auténticos luchadores sociales.

Dichas minorías afines a la cultura occidental siempre estuvieron enquistadas. En realidad, en el fondo nada cambió, y muestra de ello, es el protagonismo del mismo modelo de pensamiento materialista, el «Patrón Oro» o el adagio: «El Tiempo es dinero». Para comprender mejor la temática, citemos a la destacada antropóloga estadounidense Ruth Benedict, quien define a la cultura como «el conjunto de conocimientos, creencias, valores, actitudes y emociones que caracteriza a una sociedad. No se trata de una mera acumulación de rasgos culturales. Las culturas tienen forma, constituyen modelos. Cada cultura es una totalidad y está integrada». Y agrega:

«Si estamos interesados en los procesos culturales, la única forma con la que podemos saber la importancia del detalle seleccionado de la conducta es contrastándolo con los motivos, emociones y valores que hay detrás y que están institucionalizados en la cultura».

Apegados a esta interesante definición, comprobamos que durante 500 años la sociedad no ha cambiado en el fondo, solo en la forma, a pesar de la pérdida de vidas humanas durante los procesos históricos que AMLO identifica como transformadores, los procesos han seguido girando alrededor de un centro o descansando sobre la misma plataforma cultural materialista, es decir, donde la materia es más importante que el espíritu y la vida, donde en apariencia, todo tiene un precio, todo se puede vender y todo se puede comprar.

En contraste con el modelo cultural traído de occidente, el modelo cultural de los pueblos originarios o su cosmovisión, se fundamenta ineluctablemente en el ser humano. No por nada, AMLO se define como un *humanista*.

Empero, lo más rimbombante del modelo cultural construido sobre los cimientos del materialismo económico, es su trascendencia mundial, pues todos los procesos culturales e históricos han girado en torno a ello.

AMLO ha inaugurado la transición histórica hacia una nueva etapa, hacia un posible nuevo «Modelo Cultural». En lo ideológico, ha deslizado las señales de su plan a través de su pragmatismo político: tanto su concepción que él denomina «Economía Moral», como en su correspondiente también «Cartilla Moral» basada en los valores universales del eminente pensador mexicano Alfonso Reyes.

Muchas de las ideas de AMLO no son nuevas, no obstante, su mérito ha consistido en unificar las afinidades ideológicas y plurales de intelectuales, luchadores sociales, herederos de la tradición cultural y demás facciones inconformes con el modelo cultural caduco. El mundo moderno reduce las posibilidades de evolución interior en el ser humano en un contexto de confusión informativa o guerra cognitiva, por lo tanto, la sabiduría para redimir el espíritu humano ya no puede mantenerse en secreto, necesita hacerse accesible, pragmática, iluminar las mentes expectantes de aquellos en busca de la creación de un mundo mejor.

AMLO es un «iniciado», y por lo tanto asume su misión como algo sagrado. Él mismo ha comentado que ya no se pertenece a él, sino a México. «Iniciación» significa sacralización de la propia vida. Sin embargo, podemos cuestionarnos: ¿Cuál es la misión de AMLO? Además de cumplir con su juramento constitucional y sus consecuentes obligaciones políticas presidenciales, es decir su misión ciudadana como dirigente. Él tiene la misión de humanizar a un México desintegrado por un sistema económico generador de ricos y pobres, castas, clases sociales y escisiones culturales definidas.

Todo gran líder es un reformador, y AMLO no es la excepción, humanizar evoca un verbo que se da por hecho, a pesar de ello, de acuerdo a la Cosmovisión Tolteca, no sé es un verdadero ser humano hasta colectivizar la consciencia y percibirse como parte de un todo, en armonía con la sociedad, con el mundo, con la naturaleza y con el cosmos. Es aquel estado consciente proyectado más allá de lo que se conoce como empatía, es el requisito indispensable que todo líder debe poseer y con mucha mayor razón si su responsabilidad es encabezar el gobierno de una nación.

Es poco probable la continuidad del proyecto político de AMLO desde la clase política, de ellos no se pueden tener grandes expectativas, y no existe alguna figura visible que le siga sus pasos y a la vez posea, tanto la sensibilidad, así como la afinidad vinculatoria con la identidad histórica de los pueblos originarios, garante y cualidad indispensable para perpetuar los ideales del *México Profundo*. La continuidad de los ideales de los pueblos originarios debe seguir su propio camino, AMLO les proporcionó la apertura, ha fungido como el receptáculo de los *poderes místicos* de la cultura del antiguo Anáhuac, ha cumplido con su limitada, pero valiosa individualidad histórica. Quizás Claudia Sheinbaum Pardo sea la mejor continuadora de su proyecto, en cuyo caso el tiempo lo hará evidente.

Para finalizar, se notifica un logro más de este capítulo de la historia moderna de México: El 9 de agosto de 2023, AMLO hizo el decreto presidencial relativo a la declaratoria de preservación y protección de los *lugares sagrados* y sus respectivas rutas de peregrinaje afines a la *cosmovisión de los pueblos originarios.* Los lugares aludidos son: Isla del Rey, en San Blas Nayarit; Isla del Alacrán, en Chapala, Jalisco; Cerro Gordo, San Bernardino de Milpilla, Durango; Wirikuta, en Real de Catorce, San Luis Potosí, y Santa Catarina, en Jalisco.

ACERCA DEL AUTOR

Acic Oklahoma es un iniciado en el antiguo **Conocimiento Tolteca**. Desde muy joven se encontró con el sendero de un *nagual* consumado, un sabio depositario del legado cultural del *México Profundo*. A raíz de este trascendente encuentro, tanto su vida, como su destino sufrieron inmensos cambios mediante la práctica de técnicas disruptivas y versátiles. Estos métodos disciplinarios empoderaron su *Ser*, convirtiendo su energía en el factor preponderante para concebir el universo desde una perspectiva mística, basada en los valores más sublimes de la filosofía Tolteca.

LIBROS DE LA COLECCIÓN

Amable lector: ¿te agradó la obra? estaremos muy agradecidos contigo si nos regalas un comentario positivo en las reseñas de Amazon.
Muchas Gracias